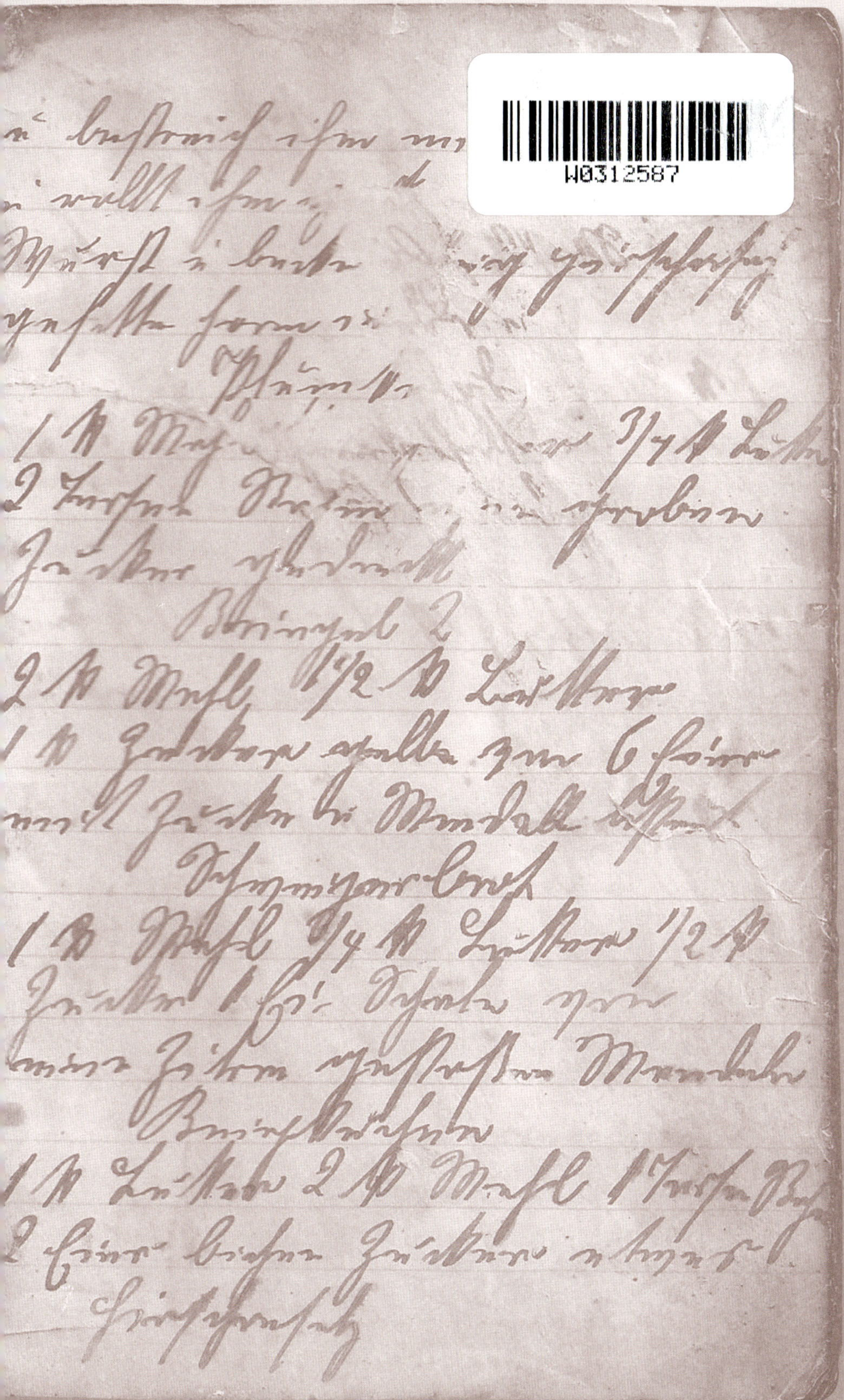

Das Hooger Kochbuch

Koken & Backen as fröher op de Hallig

Gesammelt, aufgeschrieben und ausprobiert von

Christa Boyens · Silke Claußen · Dirk Dell Missier · Christa Ketelsen
Swantje Paprotta · Annemarie Pezzi · Gertrude von Holdt Schermuly

Husum

Bilder und Zeichnungen: Werner Boyens
Gestaltung: Swantje Paprotta
Bildnachweis: Siegfried Baudewig – S. 104/105; Kay Broder Binge – S. 39; Christa Boyens – S. 18, – S. 7, S. 11, S. 100; Silke Claußen – S. 16, S. 43, S. 58, S. 115; Magda Diedrichsen – S. 120; Christa Ketelsen – S. 12/13, S. 24/25, S. 36/37, S. 66, S. 70/71, S. 89; Swantje Paprotta – S. 8/9, S. 55, S. 59, S. 78, S. 103, S. 106, S. 127 o., S. 131, S. 132 u. S. 28, S. 29, S. 45, S. 51, S. 53, S. 68, S. 75, S. 76, S. 81, S. 114, S. 127, S. 132 o.

Bibliografische Information der Deutschen Nationalbibliothek

Die Deutsche Nationalbibliothek verzeichnet diese Publikation in der deutschen Nationalbibliografie; detaillierte bibliografische Daten sind im Internet über http://dnb.d-nb.de aufrufbar.

Satz: Swantje Paprotta
Druck und Verarbeitung: Husum Druck- und Verlagsgesellschaft mbH u. Co. KG, Husum
Postfach 1480 · D-25804 Husum – www.verlagsgruppe.de

ISBN 978-3-89876-514-5

Inhalt

Hest du dat al mol eten?

Oh hauehaue ha, da haben wir uns was vorgenommen. Einen Winter lang steckten wir die Köpfe zusammen, diskutierten, probierten und sammelten für unser Kochbuch Ideen, während die Eisschollen sich um Hooge stapelten und die Hallig unter einer ungewöhnlich dicken Schneedecke lag. Das perfekte Wetter, um gemütlich in der Stube zusammenzusitzen und zu schnacken und zu planen.

Wir, zwei zugereiste „Wahl-Hooger" und sechs waschechte Nordfriesen – allesamt stolze Halligbewohner –, saßen also zusammen, um typische Hallig-Rezepte sowie Hooger Sitten und Gebräuche aus alten Zeiten festzuhalten und diese Hallig-Esskultur in einem Buch zusammenzufassen. Und „op de Hallig hebbt wi nu mol platt snackt!" Daher sind alle Geschichten in diesem Buch auf Plattdeutsch. Dabei stützen wir uns in der Rechtschreibung auf das plattdeutsche Wörterbuch von SASS, Ausgabe Juni 2002. Die Rezepte selbst und wichtige Informationen sind zum besseren Verständnis in hochdeutscher Sprache verfasst, der plattdeutsche Originaltitel steht aber dabei.

Da fielen schon einmal Sätze wie: „Du Tüffel, dat heet Kartüffelsupp!", denn das Pellwormer Platt unterschied sich grundlegend vom Hooger Platt: „Ick segg Sopp und de annern säen Supp!"

Durch die freundliche Unterstützung einiger Halligbewohner kamen viele schon fast vergessene Rezepte, Gebräuche und plattdeutsche Ausdrücke wieder in Erinnerung. Wir haben versucht, uns auf alte Rezepte zu beschränken. Kiwitorte, Matjes Hausfrauenart oder Lammbraten wurden beispielsweise wieder „rutsmeten", denn „dat hebbt wi nich hatt, dat gäv dat fröher nich op Hooge!" Die Lebensverhältnisse auf der Hallig waren von denen der Festländer sehr unterschiedlich. Es gab bis 1959 keinen Strom und bis 1968 kein fließendes Wasser. Das Leben verlief im Fluss der Natur und mit den Jahreszeiten. So mussten die Halligleute im Herbst für die langen Wintermonate, in denen sie oft durch Sturm und Eis vom Festland abgeschnitten waren, Vorsorge treffen. Das betraf nicht nur die Bevorratung, sondern auch die Art der Konservierung. Es wurde geschlachtet, Krabben gepult, Käse gemacht, eingeweckt, eingesalzen, in Essig gelegt und auf dem Festland das geordert, was man selbst nicht hatte. Rezepte und Kochbücher waren selten, denn es wurde nicht gekauft, was für ein Gericht benötigt wurde, sondern es wurde gekocht mit dem, was da war, und das auf nur einer Herdstelle. Dazu brauchte man Erfindungsgeist und manchmal auch Mut zur Lücke:

„Ik maak dat ut'n Schesslaweng." „Rezepte? De heff ik in'e Kopp." Oder: „Ik maak dat allns ut de Buuk rut."

Wie dem auch sei, oberstes Anliegen bei allen Experimenten war: Die Familie, damals deutlich größer als heute, musste satt werden. Wichtig bei der ganzen Kocherei waren die vorhandenen regionalen Lebensmittel, wie Gemüse aus dem Garten, Muscheln, Krabben, Fisch, Fleisch, Eier, Milch und Sahne. So hieß es immer: „Mit Rohm un Bodder kannst du nix verdarben." Die Halligküche war eben immer etwas ganz Besonderes.

Wir wünschen Ihnen allen, liebe Leser, viel Vergnügen und Freude beim Schmökern, Zubereiten und Genießen. Wenn es Ihnen gefällt, geben Sie die Rezepte weiter und helfen damit, unsere Hallig-Esskultur zu erhalten. Vielleicht fragen Sie dann selbst: „Hest du dat al mol eten?"

Ernst Boyens mit Ilse und Hund Pfiffi beim Butterstampfen auf Volkertswarft circa 1950

Ack	Befestigter Weg zur Warft
Bilegger	Gusseiserner Stubenofen, der von der Küche aus beheizt wird
Blanke Hans	Die Nordsee nach einer Sturmflut
Buscherump	Fischerhemd
Ditten	Heizmaterial aus getrocknetem Kuhdung
Dittenspit	Werkzeug zum Stechen von getrocknetem Kuhdung
Doggen	Angeln mit Wattwürmern am Angelhaken
Eiwall	Halligkante im Norden von Backenswarft
Fenne	Wiese oder Weide, die zu einer Warft gehört
Fething	Süßwasserteich inmitten der Warft, früher als Viehtränke genutzt
Flieth	Der Priel zwischen Hanswarft und Ockelützwarft
Gasselbrett	Ein 2–3 m langes Holzbrett, auf dem Brotlaibe für kurze Zeit zwischen die noch im Ofen befindliche Glut geschoben wurden, um eine gute Kruste zu erzielen
Gastebott	Zusammenkunft mit Nachbarn
Hill	Schuppen
Hirnstring	Vorrichtung zum Wasserschöpfen aus dem Sood
Hordzgras	Ein Salzwiesengras
Jütz Kleines	Beiboot
Kindskiek	Besuch der Nachbarn am Wochenbett
Klamp	Kunstvoll aufgeworfener Heuhaufen auf der Warft
Klappen	Entenfangen mit einem Netz (heute verboten)
Klink	Weg zwischen zwei Fethingen
Klönen	Gemütlich plaudern unter Nachbarn und Freunden
Klönsnackdöör	Zweigeteilte Tür: Die obere und untere Hälfte können unabhängig voneinander geöffnet und geschlossen werden. Man öffnet die obere Türhälfte, lehnt sich hinaus und klönt und schnackt mit den Nachbarn
Kloten	Ditten in Reihen anhäufen
Klotzen	Kuhfladen mit der Forke auf der Wiese auseinanderhauen
Kübbung	Abfallhaufen unterhalb der Warft
Ledderwaag	Leiterwagen
Ley	Priel im Watt
Löhn	Unbefestigter Weg
Norb	Kleine Erhöhung auf der Wiese
Noss	Viehtränke
Ötling	Auf dem Reetdachboden zwischen Reetschräge und Heu
Pesel	Gute Stube

Pisters	Sandklaffmuscheln
Porren	Nordseekrabben
Pottstall	Ummauerter quadratischer Schacht zum Sammeln von Kuhdung Pütten
	Natürliche Wasserlöcher auf der Fenne
Pütz	Wassereimer
Puk	Netz zum Krabbenfischen
Punterboom	Langer Balken, um das Heu auf dem Heuwagen zu befestigen
Ruken	Heudiemen aufbauen (Heu aufwerfen auf der Fenne)
Rump	Laibchen
Schedling	Sammelbecken für Regenwasser vor der Warft
Schlagegeln	Aale im Priel fangen
Schleef	Holzlöffel oder Schlingel
Schmull	Abgebrochene Ecke der Ditten
Schwelen	Heu zusammenharken
Sood	Zisterne, in die das von den Dächern gesammelte Regenwasser geleitet wird
Soodschwengel	Vorrichtung, mit der Trinkwasser aus dem Sood geschöpft wurde
Stock	Holzsteg über einen Graben
Suden	Salzwiesenpflanze
Tehmen	Heu mithilfe eines Pferdes zusammenziehen
Telldamm	Damm mit Durchlass
Triinhallig	Halligkante beim Hallighafen
Trummel	Dose für Kekse
Warft	Künstlich aus Erde aufgeschütteter Siedlungshügel zum Schutz vor Sturmfluten

Landunter auf Hooge mit Blick auf die Kirchwarft, Ockelützwarft und Mitteltritt (von links) Herbst 2009

Wichtige Mengenangaben

Kleine Mengen mit der Waage abzuwiegen, ist oft schwierig. Um Zeit zu sparen, hier eine kleine Sammlung von Maß-und Gewichtsverhältnissen:

1 Esslöffel Mehl	12–20 g
1 Esslöffel Zucker	15–20 g
1 Esslöffel Salz	15–20 g
1 Esslöffel Stärkemehl	5–10 g
1 Esslöffel Grieß	20–25 g
1 Esslöffel Reis	20–25 g
1 Esslöffel Haferflocken	12–15 g
1 Esslöffel Graupen	20 g
1 Esslöffel festes Fett/Butter	20–25 g
1 Esslöffel flüssiges Fett/Öl	10 g
1 Ei	50–60 g
1 Päckchen Backpulver	12 g
1 Päckchen Vanillezucker	8 g
1 Teelöffel Backpulver	6 g
1 Würfel Hefe	42 g
1 Pfund	500 g
1 kleine Tasse	125 ml
1 Prise	so viel man zwischen zwei Fingerspitzen halten kann

Mit de Kleddage harr man dat fröher nich so suer. De Fruuns harrn een Dracht för dägli un een för best. Un de wurrn denn in'e Familie wiedergeben. För de Mannslüüd hett dat keen Dracht geben. Stakels ok doch.

Magda und Ernst Boyens
und Magda Diedrichsen
(von links) in Halligtracht
an der Klönschnacktür 1983

Grund

Östlicher Teil der Hanswarft in den 1930er-Jahren mit B.lick auf das heutige Halligmuseum und den Halligkaufmann

rezepte

Grundrezepte

Viele Grundrezepte wie Brühen oder Beilagen wie Kartoffeln, Klöße oder Brot passen zu verschiedenen Gerichten und kommen häufig in unseren Hallig-Rezepten vor. In diesem Kapitel haben wir daher alle wichtigen Grundzubereitungen zusammengefasst und verweisen in den anderen Kapiteln durch GROSSBUCHSTABEN auf das genaue Rezept.

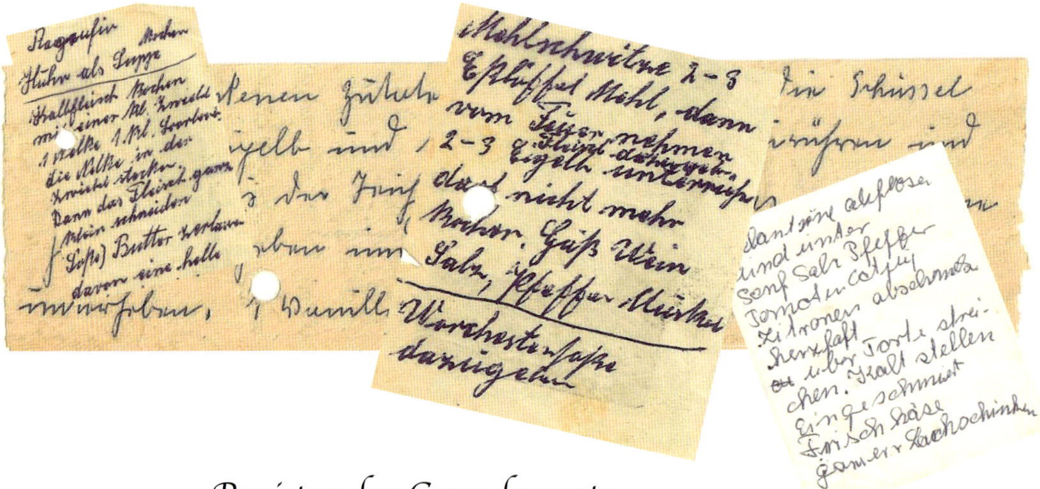

Register der Grundrezepte

Teig:

QUARK-ÖL-TEIG
QUARK ÖÖL DEEG

300 g	*Mehl*	*175 g*	*Quark*
75 g	*Zucker*	*6 EL*	*Milch oder Sahne*
6 EL	*Öl*	*1 Päckchen*	*Backpulver*
1 Päckchen	*Vanillezucker*		

Alle Zutaten gut zu einem elastischen Teig verkneten und bei 180 Grad 30 Minuten backen.

HEFETEIG
GESSDEEG

500 g	*Mehl*	*1 Prise*	*Salz*
1 Würfel	*Hefe*	*100 g*	*Zucker*
1 Tasse	*Warme Milch*	*4 EL*	*Butter*

Hefe mit Zucker und etwas warmer Milch verrühren und stehen lassen, bis sich Blasen bilden. Dann das Mehl, die weiche Butter und die restliche Milch zu einem Teigkloß verarbeiten, mit einem Tuch abdecken und an einem warmen Ort stehen lassen, bis sich der Teig verdoppelt hat. Nochmals kneten, auf einem Blech ausrollen und eine weitere halbe Stunde gehen lassen. Nach Wunsch belegen und bei 180 Grad 30–40 Minuten backen.

MÜRBETEIG
MÜRBEDEEG

125 g	*Margarine*	*1 Tüte*	*Vanillezucker*
2	*Eier*	*200 g*	*Mehl*
125 g	*Zucker*	*1 TL*	*Backpulver (gehäuft)*

Alle Zutaten kneten, in eine gut eingefettete und mit Semmel- oder Grießmehl ausgestreute Obstbodenform streichen und 30 Minuten backen.

Käthe, Siegfried, Jakob, Mike (von links) mit Angela Baudewig (vorne), circa 1937

BISKUITTORTENBODEN

SCHICHTTORTENBORM

5	Eier	2 TL	Backpulver
125 g	Zucker	100 g	Stärkemehl
1 Päckchen	Vanillezucker	100 g	Mehl

Die Eier, den Zucker und den Vanillezucker schaumig rühren. Dann die restlichen Zutaten untermischen, in eine gut gefettete Tortenform füllen und bei 180 Grad Ober- und Unterhitze 40 Minuten lang backen.

Dirk un de Tort

To Geburdsdag wurrn ümmer een Masse Lüüd inlaadt. De vun de eegen Warft un denn ok noch de vun de annern, so 20-30 weern dat denn al.
De Kaffedisch wurr all vör de Middag trechmaakt, fein, mit all dat, wat de Huusfru to beden harr. Noh dat Middagäten wurrn denn de Torten un lütte Kooken henstellt, de Döör tomaakt. Man, bi Lütt-Dirk nüdzde dat nich veel, jedereen wusst dat.
Dorum bunn man em de Hänne op de Rüch tosaamen un meente, dormit weer allns kloor. Wat schall ik jem seggen, as de eersten Gäste kämen, seet Lütt-Dirk mit de Nääs in'e Tort, denn dat gähn ok ohne Hänne.

SAUERTEIG

SUERDEEG

1.Tag
100 g Roggenmehl (Type 997) oder Roggenschrot mit
100 g Wasser 38 Grad in einer Teigschüssel gut vermischen, abdecken und bei 20 Grad einen Tag ruhen lassen.

2.Tag
100 g Roggenmehl oder Roggenschrot mit
100 g Wasser 38 Grad werden in den ersten Ansatz eingerührt, der bereits etwas säuerlich riecht. Das Ganze wieder abdecken und bei 20 Grad einen weiteren Tag ruhen lassen.

3.Tag
200 g Roggenmehl oder Roggenschrot mit
200 g Wasser 38 Grad verrührten und mit dem Ansatz vom ersten und zweiten Tag gründlich vermischt und nochmals einen Tag bei 20 Grad ruhen lassen.

Danach soll der fertige Sauerteig angenehm säuerlich riechen und Blasen zeigen.
Eventuell noch einen Tag ruhen lassen. 700 g Sauerteig werden nun für unser Roggenmischbrot benötigt. Der restliche Sauerteig kann in einem Glas mit Schraubverschluss drei bis vier Wochen im Kühlschrank aufbewahrt werden.

Vollkornbrot mit Sauerteig

Konservieren:

ESSIG-SUD

ETI WATER

½ l	Essig	2 EL	Zucker
½ l	Wasser	½ TL	Salz
1	Lorbeerblatt	1	Zwiebel in Scheiben

Alle Zutaten zusammen aufkochen und über die Lebensmittel gießen.

Reis:

REIS

RIES

1 Tasse	Reis	1 Prise	Salz
2 Tassen	Wasser		

Wasser mit Salz zum Kochen bringen und unter Rühren den Reis einrieseln lassen. Noch einmal kräftig aufkochen, von der Herdplatte nehmen, in ein Handtuch wickeln und unter einem Kissen oder besser noch der Bettdecke gut eine Stunde quellen lassen.

Brühen:

KNOCHENBRÜHE

AFKOKTE KNOKEN

1 kg	*Fleischknochen (Rind und Schwein)*	*1 EL*	*Salz*
		1 Prise	*Pfeffer*
1 Bund	*Suppengemüse*	*3 l*	*Wasser*
1	*Zwiebel*		

Die Fleischknochen waschen, mit der Zwiebel und dem Suppengemüse zwei bis drei Stunden kochen. Dann die Brühe durch ein Sieb gießen, entfetten und mit Salz und Pfeffer abschmecken.

GEMÜSEBRÜHE

AFKOKTE GEMÜSE

2 EL	*Fett*	*Salz*
1 kg	*Suppengemüse*	*Pfeffer*
	Gemüsereste	*Petersilie*
2 l	*Wasser*	

Das geputzte und klein geschnittene Gemüse (gerne auch Reste) leicht rösten, mit Wasser ablöschen und eine halbe Stunde langsam gar kochen. Zum Schluss gießt man die Brühe durch ein Sieb und schmeckt mit Salz und Pfeffer ab und fügt klein geschnittene Petersilie hinzu.

Kartoffeln:

Man harr för de Winter nich blots inmaaakte Appeln, Birnen, Plummen, sülmmaakte Leverwust, Mettwust, Suerfleesch un ik weet nich wat sunst noch in'e Keller, so ok tein Zentner Kartüffeln. Dat weer normaal. De meesten Hüser harrn blots een Spieskeller, de tämli gau vull weer, wo denn mit de Kartüffeln hen? In'e Schuppen. De Idee weer nich slecht, för de Kartüffeln werr dat nich ganz so gut, denn wenn dat Frost gäv, wurr de Stärke in'e Kartüffeln to Zukker un se kauten de ganze Winter op söte Kartüffeln rum. Dat weer nich jedermanns Saak.

PELLKARTOFFELN
PELLKARTÜFFELN

1½ kg	Kartoffeln	Salz
1½ l	Wasser	

Kartoffeln waschen und in Wasser mit etwas Salz gar kochen. Dann das Wasser abgießen und unter Schütteln auf der noch heißen Herdstelle gut abdampfen lassen.
Mit kaltem Wasser abschrecken und pellen.

SCHWENKKARTOFFELN
BODDERKARTÜFFELN

1½ kg	Pellkartoffeln		Gehackte Petersilie
Etwas	Salz	75 g	Butter

PELLKARTOFFELN zubereiten, noch heiß abpellen und mit 75 g Butter, Salz und gehackter Petersilie auf der noch heißen Herdstelle durchschwenken.

SALZKARTOFFELN
SOLTKARTÜFFELN

1½ kg	Kartoffeln	Salz
1½ l	Wasser	

Kartoffeln waschen, dünn schälen und in die gewünschte Größe schneiden. Im Salzwasser gar kochen und gut abdampfen lassen.

BRATKARTOFFELN

BROOTKARTÜFFELN

1½ kg	*Pellkartoffeln*		*Salz*
Nach Bedarf	*Speckwürfel*	*1*	*Zwiebel*

Erkaltete PELLKARTOFFELN oder Kartoffeln vom Vortag in dünne Scheiben schneiden, mit Zwiebelwürfeln und wenn gewünscht Speckwürfeln und wenig Salz in heißem Fett braten.

KARAMELLISIERTE KARTOFFELN

SÖTE KARTÜFFELN

1½ kg	*Kleine Pellkartoffeln*	*2 EL*	*Zucker*
1 EL	*Butterschmalz*		

PELLKARTOFFELN ohne Salz zubereiten und warm abpellen. Butterschmalz in einer Pfanne erhitzen, die Kartoffeln hineingeben, mit dem Zucker bestreuen, karamellisieren und unter Umwenden hellgelb rösten. Sehr beliebt zu Grünkohl.

GESTOBTE KARTOFFELN

STOVTE KARTÜFFELN

1½ kg	*Pellkartoffeln*	*1 TL*	*Salz*
½ l	*Milch*		*Pfeffer*
1 EL	*Butter*		*geriebene Muskatnuss*
1 Becher	*Sahne*		

PELLKARTOFFELN zubereiten, in Stücke schneiden und mit der Sahne in die kochende Milch geben. Unter gelegentlichem Umrühren sämig köcheln lassen. Mit Butter verfeinern und mit Salz, Pfeffer und geriebener Muskatnuss abschmecken.

KARTOFFELBREI

KARTÜFFELBRIE

1½ kg	*Salzkartoffeln*		*Salz*
½ l	*Milch*		*Pfeffer*
Etwas	*Sahne*		*geriebene Muskatnuss*
2 EL Butter			

Die gedämpften SALZKARTOFFELN stampfen und mit kochender Milch und Sahne verrühren, Butter untermischen und mit Salz, Pfeffer und geriebener Muskatnuss abschmecken.

Klöße:

MEHLKLÖSSE
MEHLKLÜMP

½ l	*Milch*		*Salz*
1	*Ei*		*Mehl*

Die Zutaten miteinander verschlagen und so viel Mehl einrühren, bis es einen festen Teig ergibt. Mit einem Esslöffel Klöße abstechen und in siedendem Wasser ziehen lassen, bis sie an der Oberfläche schwimmen.

GRIESSKLÖSSE
GRIESSKLÜMP

½ l	*Milch*		*Salz*
100 g	*Grieß*	1–2	*Eier*
1 EL	*Butter*	2 EL	*Mehl*

Grieß und Salz unter ständigem Rühren in die kochende Milch geben. Fünf Minuten quellen lassen, dann abkühlen und nacheinander Butter, Eier und Mehl in den Teig einarbeiten. Mit einem Esslöffel Klöße abstechen und in siedendem Wasser ziehen lassen, bis die Klöße oben schwimmen.

FLEISCHKLÖSSE
FLEESCHKLÜMP

500 g	*Hackfleisch*	1 TL	*Salz*
1	*Ei*	1 Prise	*Pfeffer*
1	*Zwiebel, klein geschnitten*		

Alle Zutaten miteinander vermischen und kneten. Dann haselnussgroße Klöße formen und zehn Minuten in siedendem Wasser ziehen lassen.

Fenne mit Priel im Osten der Backenswarft Anfang des 20. Jahrhunderts

ling

Hooge im Frühling

Der April wurde genutzt, um „Ditten" herzustellen. Dazu leerte man den „Pottstall" und brachte den dort gesammelten Kuhdung in Schubkarren auf die Warftschräge. Dort wurde er großflächig verteilt, festgetreten und anschließend festgestampft. Wenn der Mist getrocknet war und man darauf laufen konnte, wurde ein Brett darübergelegt und der Mist mit einem „Dittenspitter" (auch Dittenpricker genannt) in quadratische Stücke gestochen. Beim Stechen wurden die Ditten gleich umgedreht, damit sie auch von unten trocknen konnten. Wenn die Ditten durchgetrocknet waren, wurden sie wie Dominosteine in Reihen geschichtet. Nach einer gewissen Zeit wurden die Reihen dann wieder auseinandergenommen und zu „Kloten" gestapelt, sodass der Wind zum weiteren Trocknen hindurchwehen konnte. So standen sie bis zur Heuernte.

Lütt Annemarie harr fröher ümmer een Zieg an de Lien. De musst öwerall mit langs un so ok mit öwer de Kloten springen. Dat gähn nich ümmer gut. Wie schull dat ok! Dat Enne vun't Leed weer: ütt Annemarie un de Zieg harrn de Kloten tosaamenrummelt un Vadder Magnus weer op 180!

Register der Frühlingsrezepte:

Suppen:

SALZIGE SUPPE

SOLTE SUPP

1	*Schinkenknochen*	*3–4*	*Mittelgroße Karotten*
500 g	*Geräucherter Schinken*	*1 Stange*	*Porree*
		1 Stück	*Sellerie*
1	*Kleine Steckrübe*	*2 l*	*Wasser*

Alle Zutaten etwa zwei Stunden köcheln lassen, dann abschmecken. Statt Sellerie kann auch Petersilienwurzel verwendet werden. Wer möchte, kann den Schinkenknochen weglassen. Die Steckrübe in Scheiben schneiden und je eine Scheibe auf den Teller legen. Darauf wird die Suppe gegossen. Dazu essen wir MEHLKLÖSSE UND PELLKARTOFFELN (siehe Grundrezepte).

BUTTERMILCHSUPPE MIT GRIESSKLÖSSEN

BODDERMELKSUPP MIT KLÜMP

1 l	*Buttermilch*	*1 Stange*	*Zimt*
4 EL	*Zucker*	*Schale von ½*	*Zitrone*
½ Päckchen	*Puddingpulver*		

Zucker in den Topf mit Buttermilch streuen, Butter zugeben und mit der Zimtstange und Zitronenschale aufkochen. Dann das angerührte Puddingpulver einrühren und noch einmal aufkochen lassen. Diese Suppe kann heiß oder kalt genossen werden.
Dazu gibt es GRIESSKLÖSSE (siehe Grundrezepte).

Gemüse:

SUDEN
HALLIGGEMÜSE

4-6 Hände	Suden	2 EL	Mehl
1	Zwiebel	¼ l	Sahne
2 EL	Butter		Pfeffer
¼ l	Milch		Salz

Die Suden am Deich sammeln und sauber verlesen (Gras und Stiele entfernen). Nach dem Waschen in circa drei bis vier Zentimeter große Stücke schneiden und kurz in kochendem Wasser aufwallen lassen und abgießen. Die klein geschnittene Zwiebel in Butter anschwitzen, Mehl zugeben und die Milch kräftig unterrühren. Mit Salz und Pfeffer abschmecken und die Suden unterheben. Dazu essen wir ausgebackenen fetten oder durchwachsenden Speck oder Spiegelei und SALZKARTOFFELN (siehe Grundrezepte).

Auf der Hallig wuchsen damals und heute Röhrkohl (auch Dreizack genannt, siehe Bild unten) und Strandastern („Aster tripolium", siehe Bild links).

Man verwertete sie früher allerdings nicht in der Küche.
Es lohnt sich, diese Pflanzen einmal zu probieren. Beide Gemüsearten werden wie Suden zubereitet.
Von Strandastern isst man die jungen Blätter.

Suden

BAUERNFRÜHSTÜCK
BUERNFRÖHSTÜCK

1 Portion	Bratkartoffeln	Salz
3 EL	Sahne	Pfeffer
3	Eier	

BRATKARTOFFELN zubereiten (siehe Grundrezepte). Die Eier mit Sahne, Salz und Pfeffer zu Rührei verschlagen und über die gerösteten Kartoffeln gießen und stocken lassen.

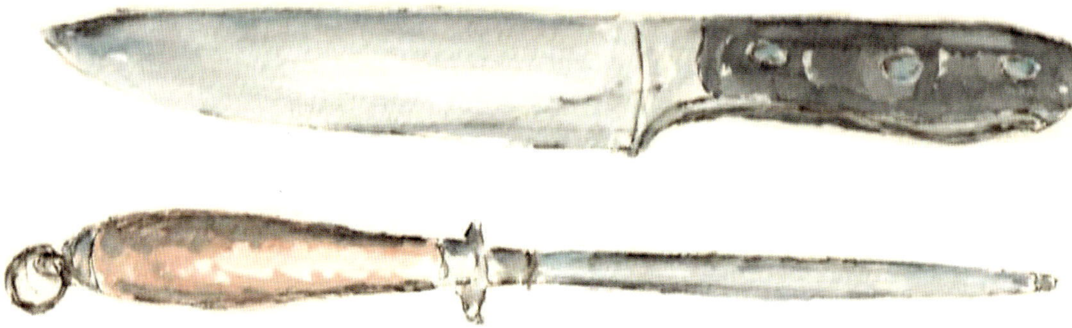

Süßes:

GEFÜLLTE SANDTORTE
FÜLLTE SANDTORT

300 g	Butter	½ Päckchen	Backpulver
200 g	Zucker	1 Päckchen	Vanille-Mandel-Puddingpulver
4	Eier	½ l	Milch
Schale von 1	Zitrone	100–125 g	Gehackte Mandeln
200 g	Weizenmehl		
100 g	Speisestärke		

100 g Butter schaumig schlagen, nach und nach 100 g Zucker und die Eier unterrühren. Dann das Mehl mit Speisestärke und Backpulver vermischt unterheben. Diesen Rührteig in eine gut gefettete Kranzkuchenform füllen und bei 180 Grad 40 bis 50 Minuten auf der zweiten Einschubleiste von unten backen. Stäbchenprobe machen. Dann den Kuchen aus der Form nehmen und auf einem Kuchenrost auskühlen lassen. Zweimal waagerecht durchschneiden.

Für die Füllung Vanille-Mandel-Puddingpulver nach Packungsanweisung kochen und erkalten lassen. 180 g Butter schaumig schlagen und den kalten Pudding löffelweise einarbeiten. Butter und Pudding sollen die gleiche Temperatur haben, damit die Creme nicht gerinnt. 1/3 dieser Creme nun auf den unteren Boden streichen, den zweiten Boden darauflegen, wieder mit 1/3 Creme bestreichen und den Deckel darauflegen. Nun den Rest der Creme auf dem Kranz verteilen. Vor dem Servieren mit Krokant bestreuen. Dazu die Mandeln in einem Esslöffel Butter und einem Esslöffel Zucker in einer Pfanne goldbraun karamellisieren.

SANDTORTE

SANDTORT

500 g	*Butter*	*500 g*	*Zucker*
5	*Eier*	*500 g*	*Stärkemehl*

Butter und Zucker circa eine Stunde rühren. Abwechselnd die Eier und das Stärkemehl einrühren und gleich backen. Bei 160 Grad 40–50 Minuten.

BUTTERMILCHKALTSCHALE

BODDERMELKPUDDING

2 l	*Buttermilch*	*1 EL*	*Gehackte Mandeln*
Schale von 1	*Zitrone*	*100 g*	*Obst*
1 EL	*Zucker*	*6 EL*	*Haferflocken*
1 Schluck	*Rum*		

Das Obst zerkleinern, die Haferflocken und die Buttermilch mit allen Zutaten verquirlen. Möglich ist es auch, geriebenes Schwarzbrot und Korinthen zuzugeben.

BUTTERKUCHEN

BODDERKOOKEN

½ l	*Warme Milch*	*1 Prise*	*Zimt*
200 g	*Weiche Butter*	*300 g*	*Zucker*
1 Würfel	*Hefe*	*500 g*	*Mehl*

Aus Hefe, Zucker, Milch und Mehl einen HEFETEIG (Zubereitung siehe Grundrezepte) herstellen. Zucker und Zimt auf den ausgerollten Kuchen streuen und mit Butterflöckchen belegen. Backzeit: 20 Minuten.

GEBACKENE HOLUNDERBLÜTEN

FLEEDERBLÜTEN IN DEEG

4–6 große	*Holunderblüten-Dolden*	*1 EL*	*Zucker*
		4–5 EL	*Mehl*
2	*Eier*	*½ l*	*Milch*
Nach Bedarf	*Fett*		

Alle Zutaten miteinander verschlagen und die gewaschenen, auf einem Küchentuch abgetropften, trockenen Blütendolden in den Teig tauchen. In der Pfanne in reichlich Fett von beiden Seiten langsam goldbraun backen.

MEHLBEUTEL

MEHLBÜDDEL

250 g	*Butter*	*1 l*	*Milch*
6	*Eier*	*750 g*	*Mehl*
250 g	*Zucker*	*2 Päckchen*	*Backpulver*
Nach Bedarf	*Semmelbrösel*		

Alle Zutaten gut miteinander verquirlen und zwei Stunden in einer gut gefetteten und mit Semmelbröseln ausgestreuten Auflaufform im Wasserbad garen.

BUTTERKRINGEL

BODDERKRINGEL

250 g	*Butter*	*375*	*Mehl*
½ Tasse	*Sahne*		*Hagelzucker*

Butter, Mehl und drei Esslöffel Sahne gut miteinander kneten und über Nacht im Kühlschrank stehen lassen. Am nächsten Morgen noch einmal kräftig kneten, ausrollen, Ringe ausstechen und auf ein Blech setzen. Mit Sahne bepinseln und mit Hagelzucker bestreuen.

RHABARBERGRÜTZE

RHABARBERGRÜTT

300–400 g	*Rhabarber*	*1½ Tassen*	*Sago*
1	*Zitrone*	*Nach Bedarf*	*Zucker*
2 l	*Wasser*		

Wasser mit abgeriebener Zitronenschale und Sago kurz kochen.

Rhabarber gut waschen, in fünf Zentimeter lange Stücke schneiden und dazugeben. Wenn der Rhabarber zerfällt, mit Zucker abschmecken und mit Milch oder Vanillesoße servieren.

RHABARBERKUCHEN

RHABARBERKOOKEN

125 g	*Margarine*	*325 g*	*Zucker*
4	*Eier*	*150 g*	*Mehl*
250 g	*Rhabarber*	*1 TL*	*Backpulver*

Ein ganzes Ei und drei Eigelb, 125 g Zucker, das Mehl und das Backpulver miteinander verrühren und in einer gefetteten Springform 10–15 Minuten im vorgeheizten Backofen bei 180 Grad vorbacken. 250 g frischen Rhabarber sehr klein schneiden. Drei Eiweiße mit 200 g Zucker steif schlagen, den Rhabarber vorsichtig unterziehen und auf den vorgebackenen Kuchen streichen. Weitere 20 Minuten backen.

ROTE GRÜTZE

RODE GRÜTT

1 l	*Wasser*	*Nach Bedarf*	*Zucker*
500 g	*Obst nach Jahreszeit*	*1½ Tassen*	*Sago*

Das gewaschene Obst in das kochende, mit Zucker gesüßte Wasser geben und noch einmal aufkochen lassen. Dann Sago hinzufügen und langsam köcheln lassen, bis er gar ist. Alternativ zu Sago kann die Rote Grütze auch mit vier bis fünf Esslöffeln Stärkemehl zubereitet werden: Dazu das in Wasser angerührte Stärkemehl langsam einrühren und noch mal aufkochen lassen. In eine Schüssel geben und kalt stellen. Mit Milch oder Vanillesoße servieren.

SCHNEEFLÖCKCHEN

SCHNEEFLOCKEN

250 g	*Margarine*	*250 g*	*Stärkemehl*
100 g	*Puderzucker*	*100 g*	*Mehl*
2 Päckchen	*Vanillezucker*		

Alle Zutaten miteinander vermischen und walnussgroße Kugeln aus dem Teig formen. Auf ein Backblech legen und jede Kugel mit einer Gabel etwas flachdrücken. Bei 180 Grad etwa 15 Minuten backen.

HEFEZOPF

FLECHDE WITTBROOT

500 g	*Mehl*	*1 EL*	*Stärkemehl*
1 Würfel	*Hefe*	*2 Päckchen*	*Vanillezucker*
60 g	*Zucker*	*125 g*	*Butter*
1	*Ei*	*3 EL*	*Sauerrahm*

Hefe mit Zucker und Sauerrahm anrühren. Dann mit den restlichen Zutaten zu einem geschmeidigen Kloß verkneten. Abgedeckt 1 Stunde an einem warmen Ort gehen lassen, nochmals kräftig durchkneten und den Teig in drei Streifen rollen. Diese am oberen Ende zusammendrücken und einen Zopf flechten, auf ein Kuchenblech legen und noch mal $^1/_2$ Stunde gehen lassen.
Bei 180 Grad ca. 45 Minuten goldbraun backen. Den fertigen Zopf mit flüssiger Butter bestreichen. Je nach Geschmack können Zitronen, Rosinen, Mandeln oder Marzipan in den Teig eingearbeitet werden.

KAKAOSUPPE

KAKAUSUPP

1 l	*Milch*	*2 EL*	*Kakao*
2 EL	*Zucker*	*1 Handvoll*	*Sago*
1	*Eiweiß*	*1 EL*	*Zucker*

Milch aufkochen, Kakao mit Zucker gemischt einrühren und Sago zugeben.
Langsam köcheln lassen, bis der Sago gar ist. Dann Eiweiß mit Zucker steif schlagen, mit einem Esslöffel Klößchen abstechen und auf die Suppe setzen, im geschlossenen Topf ohne Hitze ziehen lassen, bis diese fest sind.

KÄSEKUCHEN OHNE BODEN

KEESKOOKEN OHNE BORM

1 kg	*Quark*	*6*	*Eier (trennen)*
200 g	*Zucker*	*2 Päckchen*	*Vanillepuddingpulver*
1 Handvoll	*Rosinen*		

Eigelb und alle anderen Zutaten zusammenrühren. Eiweiß steif schlagen und vorsichtig unterheben.
In eine gefettete Springform füllen und bei 175 Grad 50–60 Minuten backen.
In der Form abkühlen lassen.

Getränke:

HOLUNDERBLÜTENSAFT

FLEEDERBLÜTENSAFT

5 l	Wasser	2–3	Zitronen
10–12	Holunderblüten-Dolden	30 g	Weinsteinsäure
		1½ Pfund	Zucker

Dem Wasser Zucker, Fliederblütten ohne Stängel, in Scheiben geschnittene Zitronen und Weinsteinsäure hinzufügen. Mit einem Küchenhandtuch abdecken und drei bis vier Tage stehen lassen. Anschließend durchsieben und den Saft bis kurz vorm Sieden erhitzen. Danach in Flaschen füllen und luftdicht verschließen. So bleibt er mehrere Monate haltbar.

Som

mer

Johannes Hinrichsen (links) mit Familie, Nachbarn und Freunden auf „Porrenfang“ mit Puk und Korb Anfang des 20. Jahrhunderts.

Hooge im Sommer

Kurz vor der Heuernte packte man die Ditten aus den „Kloten" in Kartoffelsäcke aus Jute oder Heulaken.

Lütt-Magda un Lütt-Christa mussen fröher ümmer de Säcke för de Ditten ophooln. Dorbi schropten de ruge Ditten öwer de Binnerarms un schürten de ganze Huut op.

Die Säcke wurden auf den Heuboden getragen und dort von den Kindern im „Ötling" gestapelt. Dabei fiel viel „Schmull" an, mit dem morgens Herd, Ofen und Bilegger angeheizt wurden.

Die Heuernte dauerte von Ende Juni bis Mitte September. Zu dieser Zeit wurde zunächst das Heu von Hand mit der Sense geschnitten. Damals kamen ganze Truppen von Mähern von Nordstrand und Pellworm nach Hooge. Das geschnittene Heu wurde auf den „Fennen" gewendet und getrocknet. Anschließend wurde das Heu zusammengeharkt und mit der Forke zu kleinen Heudiemen geformt, die eine Zeit lang stehen gelassen wurden, damit das Heu richtig durchtrocknete. Danach wurde das Heu in Heulaken gepackt und auf den Heuboden gebracht. Wenn der Heuboden voll war, wurde ein „Klamp" vor dem Haus aufgeworfen. Es war strengstens verboten, den Klamp hinaufzuklettern oder sich darin zu verstecken. Denn bei Regen lief das Wasser in die Löcher des Klamp und das Heu fing an zu gären. Doch der Klamp war ein verführerischer Spielplatz für Kinder...

Es war früher Sitte, nach der Heuernte (heute zum Ende der Krabbensaison) größere Mengen Krabbenfleisch für den Wintervorrat zu verarbeiten. Hierzu trafen sich meist die Frauen der jeweiligen Warft abwechselnd zum gemütlichen, gemeinsamen Krabbenpulen mit „Klönschnack" und Tee. Das Krabbenfleisch wird heute zum größten Teil zu Porrenfrikadellen für den Winter zubereitet und eingefroren. Früher wurden die Krabben in Steinkrügen eingesalzen oder zu Sauren Porren verarbeitet. Zum späteren Verzehr wurden sie dann ausgefrischt (gewässert) und zu Krabbenfrikadellen verarbeitet.

Register der Sommerrezepte:

Alte Bockmühle
Im Hintergrund die Kirchwarft

Suppen:

WEINSUPPE MIT SCHINKEN
WIENSUPP MIT SCHINK

1 l	Wasser	1 Schuss	Rum
1 Stange	Zimt		Zucker
Schale von 1	Zitrone	Etwas	Butter
1 Tasse	Perlgraupen		Weißbrot
Nach Bedarf	Backpflaumen		Gekochter Schinken
1 Flasche	Weißwein		

Das Wasser mit der Schale einer Zitrone und einer Stange Zimt aufkochen. Dazu eine Tasse Perlgraupen geben und garen. Die vom Vortag eingeweichten Backpflaumen werden getrennt gekocht, durch ein Sieb gegossen und in die Suppe gegeben. Eine Flasche Weißwein zugießen und mit Zucker und einem Schuss Rum abschmecken. Dazu isst man Weißbrot mit Butter, belegt mit gekochtem Schinken.

WEISSWEINSUPPE
WITTWIENSUPP

½ l	Wasser	1 EL	Stärkemehl
½ Stange	Zimt	75 g	Zucker
	Zitronenschale	1	Eigelb
½ l	Weißwein		

Das Wasser mit Zimt und Zitronenschale zum Kochen bringen und das mit wenig kaltem Wasser angerührte Stärkemehl in die Suppe einrühren und aufkochen. Nun gibt man Wein und Zucker dazu und erhitzt die Suppe, sie darf nicht mehr kochen. Abschmecken und zum Schluss das Eigelb vorsichtig mit etwas Wein oder Wasser anrühren und die Suppe damit legieren.

ZITRONENSUPPE I
ZITRONENSUPP I

1 l	Wasser	30 g	Stärkemehl
1 Stange	Zimt	1 Tasse	Zucker
1	Zitrone	2	Eier

Die Zitrone schälen, die weiße Haut abziehen, in Scheiben schneiden und mit der Zimtstange in das kochende Wasser geben und sieden lassen. Das Stärkemehl mit Wasser vermischen.

Zwei Eiweiß mit dem restlichen Zucker zu steifem Schnee schlagen und mit einem Teelöffel Häufchen auf die Suppe setzen. Fünf Minuten bei geschlossenem Deckel ziehen lassen.

ZITRONENSUPPE II

ZITRONENSUPP II

1 l	Wasser	100 g	Rosinen
1½	Zitronen	1 Tasse	Zucker
60 g	Sago	1	Ei

Das Wasser mit Zitronenschale und Sago aufkochen. Die Rosinen und das in Wasser angerührte Stärkemehl zugeben. Dann den Topf vom Herd nehmen. Inzwischen ein Eigelb mit der Hälfte des Zuckers gut verschlagen, bis die Masse weiß ist, und vorsichtig in die nicht mehr kochende Suppe einrühren. Mit Zitronensaft abschmecken. Ein Eiweiß mit dem restlichen Zucker zu steifem Schnee schlagen und mit einem Teelöffel Häufchen auf die Suppe setzen. Fünf Minuten bei geschlossenem Deckel ziehen lassen.

KRABBENSUPPE

PORRENSUPP

1 kg	Frische Nordseekrabben		Geschlagene Sahne
1 Bund	Suppengemüse		Weißer Pfeffer
2 EL	Butter		Salz
1 EL	Mehl		Petersilie
1/4 l	Süße Sahne	3/4 l	Wasser
	Cognac		

Die Krabben schälen, die Schalen in kaltes Wasser geben und fünf Minuten kochen lassen. Suppengemüse putzen, waschen, klein schneiden und mit einem Esslöffel Butter andünsten. Die Krabbenschalen-Brühe durch ein Sieb zugießen, 30 Minuten kochen lassen und dann durchseihen. Mehl und etwas Sahne in einem Topf glatt rühren. Die übrige Sahne zugeben und unter Rühren zum Kochen bringen. Die Suppe mit Salz, Pfeffer und Zitronensaft abschmecken.

Mit reichlich Petersilie, einem Klacks Schlagsahne und Cognac servieren.

De „Melk ut de Buuk"

Mien lütte Vedder, he weer veer Johr old, dorf dat eerste Mol mit sien Modder na't Fastland to Kindskiek, lütt Silke weer dor. De Verwandten wahnten in Husum in de Norderstraat, in'e eerste Etaasch. De lütt Halligjung keek de ganze Dag ut Finster. Autos, sowat awer ok. Op Hooge gäv dat blots Peerd un Waag. Trüch op de Hallig gähn dat Vertellen los. De lütt Jung verwunner sik ümmer noch un sä: „In Husum kümmt dat Water ut de Wand, dat Licht vun de Deek un de Melk för mien niege Kusine ut de Buuk vun mien Tante." So weer dat! Op dat dor ganze niemodsche Kraam schull Hooge noch een bäten töben. De „Melk ut de Buuk", de hett sik bit hüüt holn. Wat'n Glück!

Gemüse:

GEMÜSEEINTOPF – QUER DURCH DEN GARTEN
SCHNÜSCH

250 g	Karotten	500 g	Kartoffeln
250 g	Bohnen	800 g	Geräucherter Speck
250 g	Erbsen	Nach Bedarf	Wasser
250 g	Porree		Salz
250 g	Sellerie		Pfeffer
1/4 l	Sahne		

Das Gemüse reinigen, klein schneiden und mit dem Fleisch im Wasser garen lassen. Nach der halben Garzeit die klein geschnittenen Kartoffeln dazugeben. Das Gericht soll schön sämig gekocht sein. Dann mit Sahne, Salz und Pfeffer abschmecken.

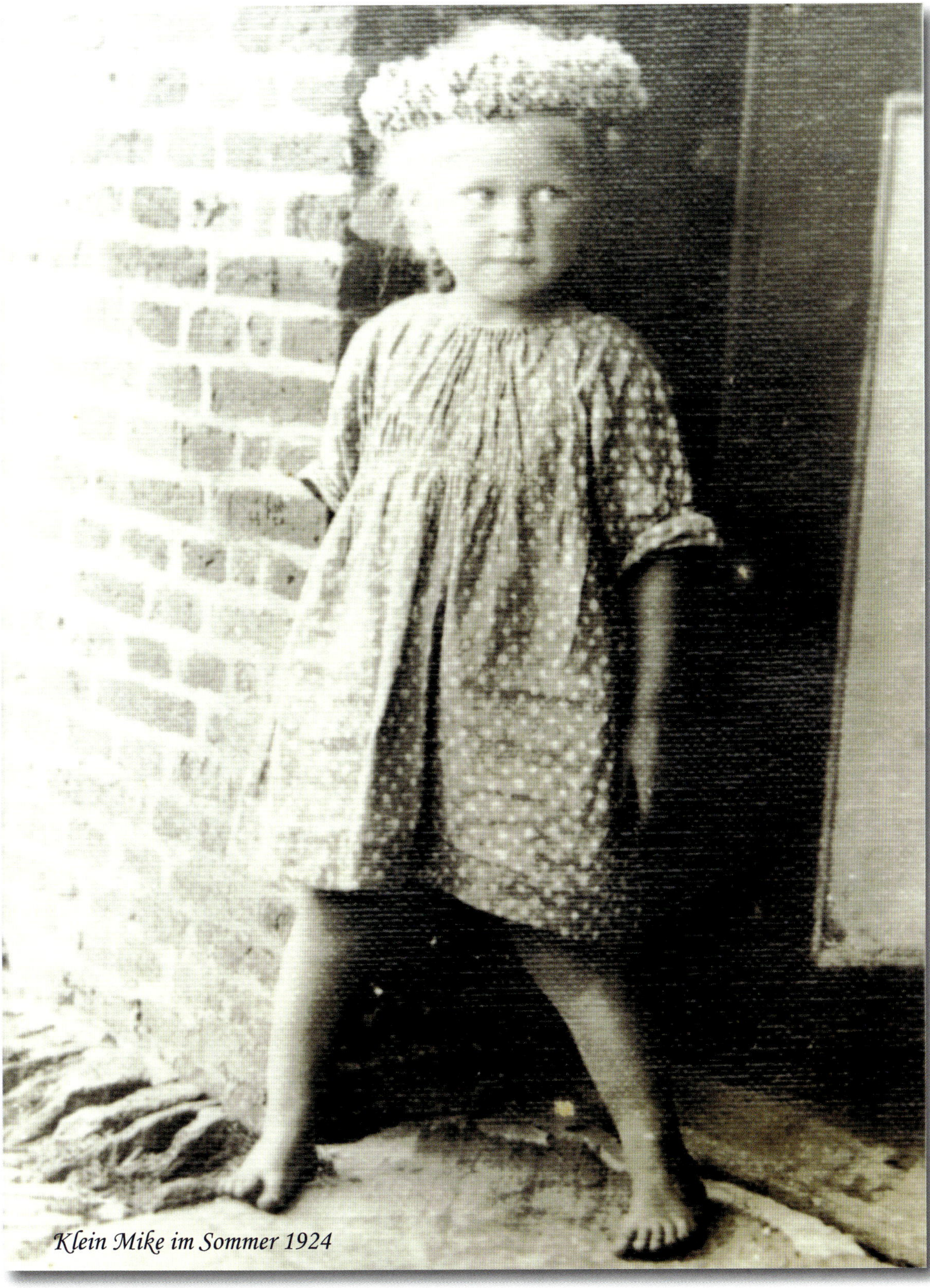
Klein Mike im Sommer 1924

GESTOBTE BOHNEN

STOVTE BOHNEN

1 Glas	Schneidebohnen	1 TL	Salz
1 Tasse	Milch	1 EL	Mehl
1 Becher	Sahne		Petersilie

Ein Glas oder eine Dose eingemachte Schneidebohnen aufkochen und durch ein Sieb abgießen. Dann die Bohnen wieder in den Topf geben, mit Milch, Sahne und Salz aufkochen. Zum Andicken Mehl mit etwas Milch verquirlen und unterrühren. Zum Servieren wird reichlich gehackte Petersilie darübergestreut. Dazu schmecken SALZKARTOFFELN (siehe Grundrezepte) und KRABBENFRIKADELLEN.

GURKENSALAT

GURKENSALOT

1	Salatgurke	1 TL	Salz
2-3 EL	Weinessig	1 Prise	Pfeffer
1 EL	Zucker	1 EL Petersilie	

Die Salatgurke schälen und in dünne Scheiben schneiden. Mit den restlichen Zutaten kurz vor dem Verzehr vermischen.

GRÜNER SALAT

GRÖNE SALOT

1 Kopf	Salat nach Wahl	1 Prise	Pfeffer
1 Becher	Saure Sahne	1/2 l TL	Salz
1 EL	Zitronensaft	3-4 EL	Zucker

Den Salat waschen und klein schneiden. Die saure Sahne mit den restlichen Zutaten zu einer Soße verrühren und kurz vor dem Verzehr über den Salat gießen.

Gestobte Bohnen mit Krabbenfrikadellen

Bohnenpflanzen

Fisch:

GEBRATENE GRÜNE HERINGE

BRODE HERING

Nach Bedarf	*Heringe*		*Salz*
1	*Ei*	*Nach Bedarf*	*Fett*
2 EL	*Mehl*		

Die Heringe ausnehmen, den Kopf entfernen und gründlich in Essigwasser reinigen. Das Ei aufschlagen und mit Salz würzen. Die Heringe in Mehl wenden, durch das Ei ziehen und in einer Pfanne mit heißem Fett langsam goldbraun braten. Als Bratheringe können diese wie SAURE HERINGE in ESSIG-SUD (siehe Grundrezepte) eingelegt werden.

SAURE GRÜNE HERINGE

HERING IN SUER

	Grüne Heringe	*1*	*Lorbeerblatt*
1	*Zwiebel*		*Essig-Sud*

Heringe ausnehmen, den Kopf entfernen und gründlich in Essigwasser reinigen. In ein Gefäß legen und obenauf die in Scheiben geschnittene Zwiebel geben und mit heißem ESSIG-SUD (siehe Grundrezepte) übergießen. Nach zwei Tagen kann man sie dann zum Beispiel mit BRATKARTOFFELN (siehe Grundrezepte) genießen.

STOCKFISCH / SCHELLFISCH

DRÖGTE FISCH

500 g	*Schellfisch*	*Etwas*	*Butter*
500 g	*Suppengemüse*		*Geriebener Meerrettich*
1 1/2 l	*Wasser*		*Petersilie*
2 EL	*Flüssiges Fett*		*Salz*
1 Becher	*Sahne*		*Pfeffer*

Der Schellfisch (getrockneter Fisch) wird über Nacht ausgefrischt (gewässert) und dann in GEMÜSEBRÜHE (siehe Grundrezepte) ziehen gelassen. Butter im Topf zerlassen, einen Esslöffel Mehl einrühren und mit Sahne aufschlagen. Dann den durchgesiebten Fisch-Gemüse-Sud zugeben und unter Rühren aufkochen lassen. Nach Bedarf geriebenen Meerrettich dazugeben und abschmecken.

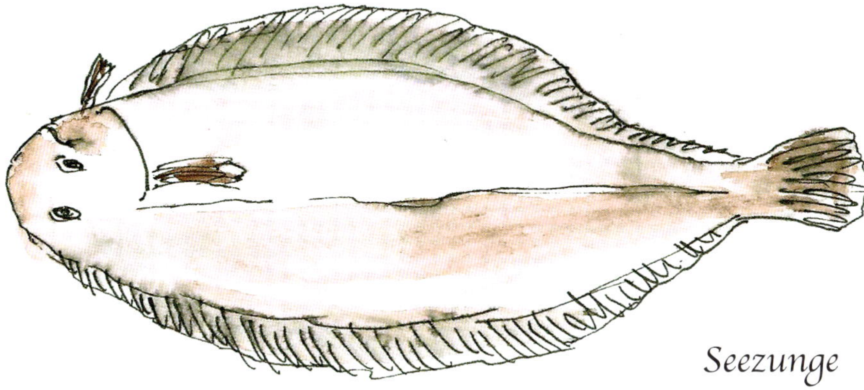

Seezunge

Makrele

Scholle

GEBRATENE SCHOLLE MIT SPECK

BRODE BÜTT MIT SPECK

4	*Schollen*	*Salz*
250 g	*Durchwachsener Speck*	*Weißer Pfeffer*
4 EL	*Zitronensaft*	

Den Speck fein würfeln und in der Pfanne ausbraten. Die Schollen waschen, trocken tupfen und mit Zitronensaft, Salz und Pfeffer würzen. Anschließend mit der weißen Seite nach unten im Speckfett sechs bis sieben Minuten braten. Dafür die Speckwürfel zur Seite schieben. Die dunkle Hautseite der Schollen in der Pfanne mehrmals mit einem Messer an der Mittelgräte leicht einschneiden, damit der Fisch gleichmäßig durchgart. Auf der dunklen Seite ebenfalls sechs bis sieben Minuten braten. Fisch mit Speck bedecken und servieren. Dazu schmecken SALZKARTOFFELN (siehe Grundrezepte) und Salat.

Buttpedden

So as wat dat Wort seggt, de Bütt wurrn mit de Fööt fungen. Dorto gähn dat ruut in't Watt hen noh de Priel, am besten röwer noh Norderoog to. Dor weern dree Stück: Kirchwarfts Leih, Schodenswarft Leih un Degger Sand. Un denn man los. Barfoot gegen de Strom, bi afloopen Water, de Fisch munter maaken. Weer dat Water kloor, kunn man tosehn, wo de Bütt sik henleggt, un brukte blots dorhen un ganz vörsichtig op em ropppedden. Weern bäten glipschig! Denn leep de Hand ganz sinni an't Been langs daal un snappte sik de Fisch. Büttpedden duurte sien Tied un dat kunn denn bilütten verdammig kolt warrn. Awers, mit Schick harr man op disse Aort un Wies een tein Liter Ammer vull, fröher. Hüüt is dat so'n Saak. Dat, wat an lütte Getier in de Priel leevt, is nich dat, wat de Bütt wüll , un so hölt he sik wieder buten op. Schaad!

LABSKAUS

LABSKAUS

300 g	*Gepökeltes Rindfleisch*	*200 g*	*Salzhering*
300 g	*Gepökeltes Schweinefleisch*	*80 g*	*Salzgurken*
		$^3/_4$ l	*Wasser*
		1	*Lorbeerblatt*
500 g	*Rote Bete*	*$^1/_2$ TL*	*Senfkörner*
500 g	*Kartoffeln*	*Etwas*	*Fett*
1 Bund	*Suppengemüse*	*Nach Bedarf*	*Spiegelei*
	Salz		*Pfeffer*

Gepökeltes schieres Rindfleisch und gepökeltes Schweinefleisch aus der Schulter verwenden. Beide Fleischsorten in grobe Würfel schneiden. Rindfleisch in das gewürzte, kochende Wasser einlegen, aufkochen und abschäumen. Dann 30 Minuten leicht wallend garen. Schweinefleisch einlegen, aufkochen, Suppengemüse dazugeben und weitere 40 Minuten garen. Inzwischen die Rote Beete bürsten und 35 Minuten in Salz-Essig-Kümmel-Wasser garen und pellen. 300 Gramm warm stellen und die restlichen 200 Gramm als Salat mit Zwiebelwürfeln, Zitronensaft, Salz und etwas flüssigem Fett anmachen. Aus den mehligkochenden Kartoffeln PELLKARTOFFELN (siehe Grundrezepte) zubereiten. Wenn alle Zutaten gekocht und vorbereitet sind, die Zwiebelwürfel in Fett glasig braten, die Rote Bete, Kartoffeln, Zwiebeln, Salzgurken, Salzheringe und das Fleisch durch die grobe Scheibe des Fleischwolfes drehen. Die entstandene Masse mit der Kochbrühe glatt und glänzend rühren und abschmecken. Je eine Breiportion in der Tellermitte anrichten und mit Hering, Gurke und Roter Bete garnieren. Dazu ein Spiegelei auf den Brei setzen.

GEBRATENE MAKRELE

BRODE MAKRELEN

Nach Bedarf	*Makrelen*	*Zum Braten*	*Fett*
1	*Ei*	*Salz*	
1 Tasse	*Mehl*	*Pfeffer*	

Die Makrelen von Kopf, Schuppen, Flossen und Innereien reinigen und gründlich in Essigwasser waschen. In circa drei Zentimeter lange Stücke schneiden. Das Ei mit Salz und Pfeffer aufschlagen. Dann die Makrelen in Mehl wenden, durch das geschlagene Ei ziehen und in einer Pfanne in heißem Fett langsam braten.

Dazu schmecken SALZKARTOFFELN (siehe Grundrezepte) und GRÜNER SALAT. Die gebratenen Stücke kann man auch in ESSIG-SUD (siehe Grundrezepte) einlegen und in einem geschlossenen Gefäß einige Monate im Kühlschrank aufbewahren.

Hering

Deftiges:

FRIKADELLEN
FRIKEDILLEN

500 g	Gemischtes Hackfleisch	1 EL	Paniermehl
		Zum Braten	Fett
1	Ei		Salz
1	Zwiebel		Pfeffer

Die Zwiebel klein schneiden, alle Zutaten miteinander verkneten, Frikadellen (Fleischkugeln) formen und bei mittlerer Hitze in heißem Fett von beiden Seiten schön braun braten.

SENFEIER
SEMPEIER

8	Eier	Nach Bedarf	Senf
1/2 l	Milch	1/4 l	Wasser
1 EL	Mehl	1/4 l	Sahne

Die Eier hart kochen. Milch und Sahne aufkochen lassen. Mehl in wenig Wasser anrühren und zum Andicken mit der kochenden Milch verschlagen. Je nach Geschmack Senf dazugeben. Nicht mehr kochen lassen. Die Eier schälen und ganz in die heiße Soße legen. Dazu schmecken SALZKARTOFFELN (siehe Grundrezepte).

Senfeier

Krabben in Sauer

Een bäten wat öwer Porrn

Wenn ik vun fröher snack, meen ik de Tied, as unse Grootöllern so um de fofti weern. De Saak mit de Glieb oder ok Puk to Porrnfangen weer wat för de ganze Familie. Alle Mann rut in't Watt, de Glieb in'e Priels op de Grund opsett un denn gegen de Strom anschoben. Dat gähn so tein Minuten, denn wurr de Puk opnaahmen un de Porrn in de Korf verstaut, de man an de Sied harr. Dat weer keen lichte Arbeit. Besunners de Fruuns mussen sik afmöhen, denn se leepen mit jerde lange, swore Arbeitskleddage dör't Water. De Rökke wurrn wull boben in'e Taille fastmaakt, awer liekes soogen se sik vull, weern klatschnatt un so mennig een halte sik een Blaasenentzündung bi dat Spillwark. In'e Harvst, wenn de Porrntied so langsam to Enne gähn, wurr een grote Hupen Porrn bi Klönsnack, Tee un lütte Koken vun de Fruuns vun de Warft utpuult, um ok wat för de Winter to hem. Een Part wurr in Suer leggt, de annere in een brune Pott insoldet. Dorut maakte man Porrnfrikedillen. Mehr gähn nich, denn noh dat Watern weer vun de typische Porrngeschmack nich mehr veel öwer. Hüüt is dat eenfacher, fangen mit groote Netten un kokt op de Kutter, utpuult, dat awer noch mit de Hand, verarbeidet to Porrn in Suer un infroren för Porrnfrikedillen oder Porrnpann.

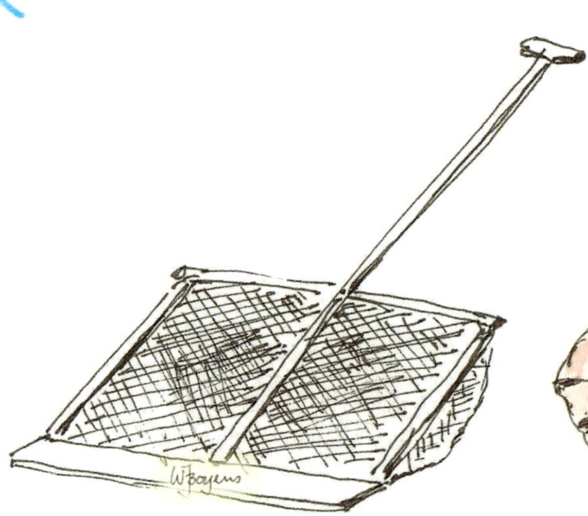

Krabbenbrot

Krabbenfrikadellen

KRABBENBROT

PORRENBROOT

Nach Bedarf	*Nordseekrabben*	*Butter*
Nach Bedarf	*Brot in Scheiben*	*Salz*
1	*Zitrone*	*Pfeffer*
Je Brotscheibe 1	*Ei*	

Die Krabben schälen. Je eine Scheibe Brot mit Butter bestreichen und mit den frischen Krabben belegen. Darauf jeweils ein frisch gebratenes Spiegelei setzen. Mit Zitronenscheibe und grünem Salat anrichten.

KRABBEN IN SAUER

PORREN IN SUER

Nach Bedarf	*Nordseekrabben*	*5 Blatt*	*Weiße Gelatine*
1 Tasse	*Essig*	*1 Blatt*	*Rote Gelatine*
1 Tasse	*Wasser*	*1*	*Zwiebel*
1 Würfel	*Zucker*	*1*	*Lorbeerblatt*
Nach Bedarf	*Pfefferkörner*		

Die Krabben schälen. Die Gelatine in einer Tasse Wasser einweichen und erwärmen, bis sie sich auflöst. Dann vorsichtig in die Essigbrühe einrühren. Die Zwiebel in Ringe schneiden. Das Krabbenfleisch locker in Gläser füllen. Zwiebelringe, Lorbeerblatt und Pfefferkörner obenauf, mit heißem ESSIG-SUD (siehe Grundrezepte) bedecken und kalt stellen. Dazu schmecken BRATKARTOFFELN oder SCHWENKKARTOFFELN (siehe Grundrezepte).

KRABBENFRIKASSEE

PORRENPANN

500 g	*Nordseekrabben*	*Etwas*	*Zitronensaft*
60 g	*Butter*	*2 EL*	*Gehackte Petersilie*
40 g	*Mehl*		*Salz*
1/2 l	*Milch*		*Weißer Pfeffer*
1/2 Becher	*Sahne*		

Die Krabben schälen. In einer Pfanne das Mehl in der Butter anschwitzen, mit Milch und Sahne ablöschen und kräftig zu einer Soße verrühren. Mit Salz, Pfeffer und etwas Zitronensaft abschmecken. Vor dem Anrichten das Krabbenfleisch hinzugeben. Nicht mehr kochen lassen, da sonst die Krabben hart werden und der Geschmack leidet. Auf das fertige Gericht die gehackte Petersilie streuen. Dazu schmecken PELLKARTOFFELN (siehe Grundrezepte).

KRABBENFRIKADELLEN

PORRENFRIKEDILLEN

250 g	Nordseekrabben	2	Eier
1	Zwiebel		Salz
2	Pellkartoffeln		Pfeffer
200 g	Saure Sahne		Wasser

PELLKARTOFFELN zubereiten (siehe Grundrezepte) und die Krabben pulen. Dann das Krabbenfleisch, die Zwiebel und die Pellkartoffeln durch den Fleischwolf drehen. Eier und saure Sahne untermischen und mit Salz und Pfeffer abschmecken.Mit feuchten Händen Frikadellen formen und goldbraun braten. Dazu schmecken gestobtes Gemüse, GESTOBTE KARTOFFELN oder SALZKARTOFFELN (siehe Grundrezepte).

Alternativ können statt saurer Sahne auch 100 g Schinken oder 125 g frischer fetter Speck in die Frikadellen eingearbeitet werden.

Krabbenfang 2010. Dirk auf seinem Krabbenkutter „De Liekedeelers“

Süßes:

GEDECKTE APFELTORTE

DECKTE APPELTORT

300 g	*Mehl*	*1 Päckchen*	*Vanillezucker*
1 TL	*Backpulver*	*1*	*Ei*
1 1/2 Tassen	*Zucker*	*1 EL*	*Milch*
150 g	*Butter*	*1 kg*	*Äpfel*
2 EL	*Wasser*	*50 g*	*Rosinen*
	Zimt		

Aus Mehl, Backpulver, 100 g Zucker, Butter, Vanillezucker, einem Eiweiß und Milch den Teig herstellen. Knapp die Hälfte des Teiges rollt man auf dem Boden einer Springform aus, sticht den Teig mit einer Gabel ein und backt ihn 10–15 Minuten hellgelb.
Für die Füllung werden die Äpfel geschält, vom Kerngehäuse befreit, in Stücke geschnitten und mit dem restlichen Zucker, Zimt, Wasser und gewaschenen Rosinen leicht gedünstet. Für den Rand rollt man einen Teigstreifen und gibt ihn in die abgekühlte Form. Nun wird die Füllung auf dem Boden verteilt und mit der ausgerollten Teigplatte bedeckt. Den Kuchen abschließend mit einem verquirlten Eigelb bestreichen und mit einer Gabel die Oberfläche vorsichtig einstechen. Backzeit: 30–40 Minuten bei guter Mittelhitze.

ERDBEERTORTE

OBSTBORM MIT ERDBEEREN

150 g	*Weiche Butter*	*2 Päckchen*	*Vanillezucker*
100 g	*Zucker*	*200 g*	*Mehl*
1 EL	*Puderzucker*	*500 g*	*Frische Erdbeeren*
200 g	*Geschlagene Sahne*		

Butter, Zucker und Mehl gut verkneten und eine Stunde im Kühlschrank ruhen lassen. Danach den Teig ausrollen und in eine gut eingefettete Tortenboden-Form legen. Mit einer Gabel den Teigboden mehrfach einstechen und bei 180 Grad circa 20 Minuten goldbraun backen. Inzwischen die Erdbeeren waschen, von den Stielen befreien und vorsichtig mit dem Puderzucker bestreuen. Die Sahne mit Vanillezucker steif schlagen. Den etwas abgekühlten Boden auf eine Tortenplatte legen und mit der geschlagenen Sahne bestreichen. Darauf die gezuckerten Erdbeeren legen.

FRIESENSCHNITTE

PLAATENKOOKEN MIT PLUMMENMUS

250 g	*Zucker*	*2 EL*	*Öl*
4 Päckchen	*Vanillezucker*	*Etwas*	*Fett*
150 ml	*Orangensaft*	*2–2 1/2 Gläser*	*Pflaumenmus*
500 ml	*Sahne*	*600 g*	*Schmand*
3 Päckchen	*Sahnesteif*	*4*	*Eier*
Mischung aus	*Zucker und Zimt*		

250 g Zucker, ein Päckchen Vanillezucker und die Eier schaumig rühren. Den Orangensaft und das Öl unterrühren. Ein Backblech mit Backrahmen umstellen, einfetten, Teig einfüllen und circa 20–25 Minuten bei 175 Grad backen. Dann abkühlen lassen. Anschließend Pflaumenmus auf den Teig streichen und die Sahne mit Sahnesteif und drei Päckchen Vanillezucker steif schlagen. Mit dem Schmand verrühren und auf das Pflaumenmus streichen. Den restlichen Zucker mit Zimt mischen und auf die Sahne streuen. Über Nacht in den Kühlschrank stellen. Dies ist ein neueres Rezept, aber sehr beliebt.

STACHELBEERTORTE

STIKKEBEERTORT

500 g	*Stachelbeeren*	*2 EL*	*Stärkemehl*
3 EL	*Zucker*	*1 EL*	*Zitronensaft*
2 Päckchen	*Vanillezucker*	*1/2 l*	*Sahne*

BISKUITTORTENBODEN (siehe Grundrezepte) zubereiten und einmal durchschneiden. Für die Füllung die gewaschenen, von Blüten und Stiel befreiten Stachelbeeren in zwei Tassen Wasser mit Zucker, Vanillezucker und Zitronensaft kurz aufkochen, sodass die Stachelbeeren nicht zerfallen. Für die Dekoration einige Beeren vorher herausnehmen. Das Stärkemehl mit wenig Wasser mischen und unter Rühren zu den Stachelbeeren gießen. Etwas abkühlen lassen. Den unteren Boden zuerst mit dieser Grütze, dann mit der Hälfte der geschlagenen Sahne bestreichen. Nun die obere Tortenplatte daraufsetzen und mit der restlichen Sahne und den Stachelbeeren verzieren.

Hans Erich Iversen 1938
an der alten Strom-Mühle
(erbaut von Sigfried Hellmann)
im Westen der Ockenswarft

OBSTTORTE AUS BRANDTEIG

OBSTTORT UT BRANDDEEG

½ l	Milch	6	Eigelb
120 g	Zucker	6	Eiweiß, steif geschlagen
80 g	Mehl		Obst nach Jahreszeit

Milch mit Zucker aufkochen. Unter kräftigem Rühren Mehl zugeben, bis sich der Teig vom Topfboden löst. In die etwas abgekühlte Masse Eigelb und zum Schluss vorsichtig das geschlagene Eiweiß untermischen, in eine gut gefettete Springform füllen. Bei 180 Grad 40–50 Minuten backen. Der Teig fällt in der Mitte zusammen und kann, nachdem er abgekühlt ist, mit Obst jeglicher Art aufgefüllt werden. Mit geschlagener Sahne servieren.

von links:
Quittentorte,
Nuss-Preiselbeer-Torte,
Marzipantorte

SCHOKOLADENBISKUIT MIT KIRSCHQUARK

SCHOKOLODENTORT MIT KIRSCHQUARK

500 g	*Quark*	*1/8 l*	*Mineralwasser*
150 g	*Zucker*	*1 TL*	*Zitronensaft*
6 Blatt	*Weiße Gelatine*	*2 Tassen*	*Sauerkirschen, entsteint*
1/4 l	*Schlagsahne*	*2 EL*	*Kakao*

Eine halbe Portion BISKUITTORTENBODEN (siehe Grundrezepte) mit zwei Esslöffeln Kakao backen. Den Quark mit Wasser, Zitronensaft und Zucker glatt rühren. Gelatine mit einer Tasse Wasser langsam erhitzen, bis sie sich auflöst, und dann löffelweise mit dem Quark vermischen. Die Sauerkirschen und die geschlagene Sahne vorsichtig unterrühren. Den Kirschquark auf dem Tortenboden verstreichen und kalt stellen.

JOHANNISBEER-MANDEL-KUCHEN

JOHANNISBEER-MANDEL-KOOKEN

250 g	*Butter*	*340 g*	*Mehl*
200 g	*Zucker*	*4 EL*	*Gehackte Mandeln*
1 Päckchen	*Vanillezucker*	*2 TL*	*Backpulver*
4	*Eier*	*5 EL*	*Milch*
500 g	*Johannisbeeren*	*Etwas*	*Puderzucker*
4 EL	*Gemahlene Mandeln*		

Butter mit Zucker und Vanillezucker schaumig schlagen. Die Eier nach und nach zufügen. Das Mehl mit gemahlenen Mandeln und Backpulver mischen und im Wechsel mit der Milch unterrühren. Den Teig auf ein gefettetes Blech streichen, die Beeren gleichmäßig darauf verteilen und zuletzt die gehackten Mandeln darüberstreuen. Im vorgeheizten Backofen bei 180°C Ober- und Unterhitze oder 160 °C Umluft 20–30 Minuten backen. Nach dem Backen mit Puderzucker bestäuben und mit Schlagsahne servieren.

KÄSEKUCHEN MIT KIRSCHEN

KEESKOOKEN MIT KIRSCHEN

4	*Eier*	*150 g*	*Zucker*
50 g	*Butter*	*1 Glas*	*Sauerkirschen*
750 g	*Quark*	*1 Päckchen*	*Vanillepuddingpulver*

MÜRBETEIG (siehe Grundrezepte) zubereiten, eine Springform damit auskleiden und kalt stellen. In der Zwischenzeit: Obst durch ein Sieb abgießen. Einen Esslöffel Puddingpulver mit etwas Saft verquirlen. Den restlichen Saft aufkochen und angerührtes Puddingpulver unter Rühren zugeben, kurz aufkochen lassen und dann die Kirschen untermischen. Etwas abkühlen lassen und auf den Mürbeteig verteilen. Die Butter, 150 g Zucker und nach und nach vier Eier, das restliche Puddingpulver und den Quark miteinander verquirlen und in die Form auf die Kirschen geben. Bei 180 Grad 50–60 Minuten goldgelb backen. Den Kuchen in der Form auskühlen lassen.

KAFFEEBROT

KAFFEBROOT

250 g	*Mehl*	*2 TL*	*Hirschhornsalz*
250 g	*Zucker*	*1 Tasse*	*Schlagsahne*
250 g	*Butter*	*1/2 Tasse*	*Gemahlene Mandeln*
4	*Eier*	*Nach Bedarf*	*Hagelzucker*

Die Butter schaumig rühren, nach und nach den Zucker und die Eier einzeln zugeben. Nun das mit Hirschhornsalz gemischte Mehl unterkneten. Daraus ca. drei Zentimeter dicke Rollen, leicht flachgedrückt, auf ein Backblech legen, mit Sahne bestreichen und mit Hagelzucker und Mandeln bestreuen. Bei 180 Grad goldbraun backen, noch warm in drei Zentimeter schräge Streifen schneiden und nochmals zum Nachtrocknen in den Ofen geben.

KALTER HUND I

SWARTE PETER I

250 g	*Kokosfett*	*1/2 Tasse*	*starker, kalter Bohnenkaffee*
5 EL	*Zucker*	*1 Packung*	*Butterkekse*
6 EL	*Kakao*	*1 EL*	*Abgezogene Mandelhälften*
2	*Eier*		

Eier und Zucker schaumig schlagen, nach und nach Kakao und Kaffee unterrühren. Unter ständigem Schlagen das zunächst erhitzte, flüssige und dann abgekühlte Kokosfett zufügen. Eine Kastenform mit Pergamentpapier auslegen, Kekse und Schokoladenmasse abwechselnd einschichten. Zuoberst Schokolade. Mit den Mandelhälften garnieren und drei Stunden im Kühlschrank fest werden lassen.

KALTER HUND II

SWARTE PETER II

200 g	*Kuvertüre*	*2*	*Bananen*
1 Tafel	*Zartbitterschokolade*	*1 Packung*	*Butterkekse*
1 Becher	*Sahne*		

Eine moderne Variante des „Kalten Hundes" die es früher auf der Hallig nicht gab: Kuvertüre und Zartbitterschokolade im Wasserbad verflüssigen und mit der Sahne verrühren. Die Bananen schälen und längs in Streifen schneiden. Eine Kastenform mit Pergamentpapier auslegen und schichtweise abwechselnd Schokoladenmasse, Kekse und Bananenstreifen stapeln. Die unterste und oberste Lage soll Schokoladenmasse sein. Abschließend drei Stunden im Kühlschrank fest werden lassen.

DICKMILCH
DICKMELK

1 l	*Milch*		*Zimt*
	Zucker	*Etwas*	*Schwarzbrot*

Einen Liter unbehandelte frische Milch in einer Schüssel so lange an einen warmen Ort stellen, bis die Milch dick und gesäuert ist. Nun kann man sie mit Zucker, Zimt oder auch Schwarzbrotkrümeln bestreuen und essen.

De Dickmelk

Wenn wi as Kinner bi Oma Martha weern, hem wi mit de Mund open för de Zentrifug stahn und dorop tövt, dat ut de Melk, so as wat se ut de Koh käm, op eenmol noch mol wedder Melk un denn noch Rohm wurr. De Schuum, de dat dör dat Dreihn gäv, dorven wi denn mit Zukker äten. Dat smeckte allerbest. Jüst so as de Dickmelk. Dorto füllte man Melk in deepe Tellers, leegte twee Holtsticken doröwer, stellte noch een Teller dorop un tövte, bit dat dick noog weer, un denn dat ganze mit Zukker. Een Gedicht!

MILCH MIT BROT
MELK MIT BROOT

$^1/_2$ l	*Milch*	*Zucker*
Nach Bedarf	*Schwarzbrot*	

Die Milch aufkochen lassen, in einen Suppenteller gießen und mit gekrümeltem Schwarzbrot anrichten. Obenauf streut man Zucker. In einigen Haushalten wurde Milch und Brot zum Frühstück gegessen. Tipp für heute: eine Banane mit hineinschneiden.

NUSSWAFFELN

NÖTTWAFFELN

200 g	Butter	1 Prise	Salz
125 g	Zucker	4	Eier
1 Päckchen	Vanillezucker	250 g	Mehl
1 TL	Backpulver	1 EL	Rum
Etwas	Milch	150 g	Gemahlene Haselnüsse

Alle Zutaten vermischen und im Waffeleisen ausbacken. Mit Schlagsahne anrichten.

WAFFELN

WAFFELN

500 g	Mehl		Salz
1 l	Milch	2 EL	Flüssiges Fett
2	Eier	1 Päckchen	Backpulver

Backpulver unter das Mehl mischen. Aus Mehl, Milch, zwei Eigelb und Salz einen glatten Teig herstellen. Das zerlassene Fett und den Eischnee von zwei Eiweiß unterrühren. Im Waffeleisen ausbacken. Mit Schlagsahne anrichten.

WAFFELRÖLLCHEN

WAFFELROLLEN

150 g	Butter	1 TL	Backpulver
150 g	Zucker	1 Tüte	Vanillezucker
2	Eier	1 Prise	Zimt
350 g	Mehl	1/2 l	Wasser, lauwarm

Die Butter schaumig schlagen, nach und nach Zucker, einzeln die Eier und die restlichen Zutaten unterrühren und sofort in einem Spezial-Waffeleisen für Waffelhörnchen je einen Teelöffel Teig hellbraun backen, dann sofort über den Stiel eines Holzlöffels rollen. Zu Tüten geformt lassen sich die Hörnchen sehr gut mit geschlagener Sahne füllen.

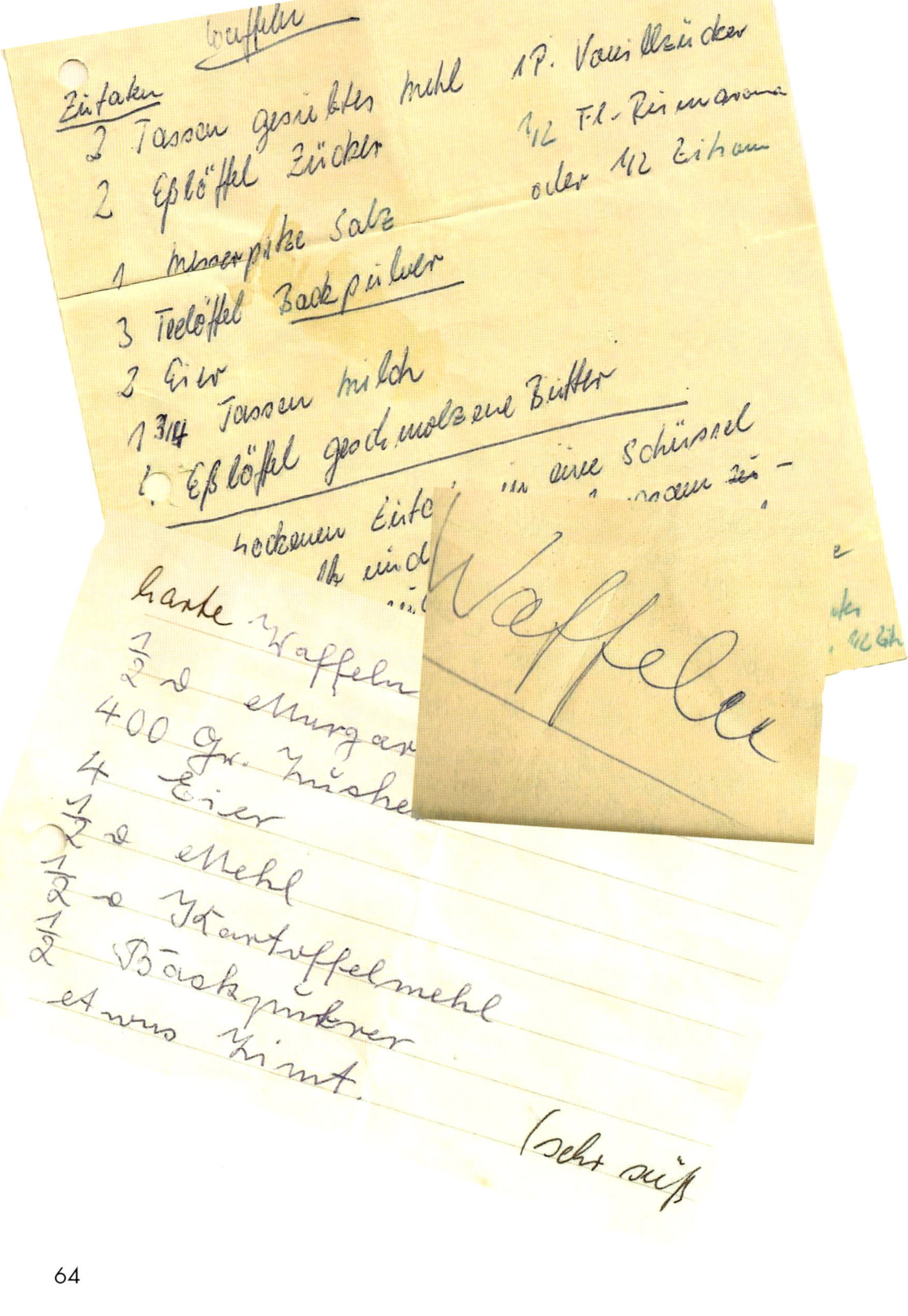
Waffeln

Zutaten

2 Tassen gesiebtes Mehl

2 Eßlöffel Zucker

1 Messerspitze Salz

3 Teelöffel Backpulver

2 Eier

1 3/4 Tassen Milch

1 Eßlöffel geschmolzene Butter

1 P. Vanillezucker

1/2 Tl. Rumaroma

oder 1/2 Zitrone

trockenen Zutaten in eine Schüssel

Harte Waffeln

1/2 l Margarine

400 Gr. Zucker

4 Eier

1/2 l Mehl

1/2 l Kartoffelmehl

1/2 Backpulver

etwas Zimt.

(sehr süß

Waffeln

MEHLKLÖSSE MIT SIRUP

SIRUP UN KLÜMP

1	Zwiebel	250 g	Speckscheiben
500 g	Pellkartoffeln	1/2 Tasse	Sahne
1/2 Tasse	Heller Sirup		

MEHLKLÖSSE und PELLKARTOFFELN (siehe Grundrezepte) zubereiten. Sirup in einer Pfanne erhitzen, die Sahne zugeben und gut verrühren. Ausgelassene, geräucherte, durchwachsene Speckscheiben in Würfel schneiden und mit einer klein geschnittenen Zwiebel anbraten. Darüber einen Esslöffel Mehl stäuben, alles verrühren und so viel Milch zugießen, bis es eine sämige Soße wird. Alles zusammen mit den Pellkartoffeln und Mehlklößen servieren und genießen.

MÄDCHENRÖTE

RODE DEERN

4	Eiweiß	250 g	Zucker
1 Tasse	dicker roter Saft (unverdünnt)	6 Blatt	Rote Gelatine

Eiweiß mit Zucker steif schlagen, Gelatine mit wenig Wasser einweichen, warm auflösen und mit allen Zutaten vermischen. So lange schlagen, bis die Creme steif ist.

Een Schnittmuster för alle Mann

Wenn dat fröher op Pingsten togähn, wurr in Husum een ganze Roll Stoff bestellt, dormit jedereen vun de Kinner een niege Kleed kreeg. Nu harr man denn een ganze Masse Stoff, awers blots een Schnittmuster un dat reckt denn för alle Mann, eenerlei ob groot, lütt, Jung oder Deern. Jem hem dat al richdig läst, ok de Junges harrn Kleeder an, bi't se dree wurrn. Ik stell mi dat so vör: All de Hoogers op een Dutt un doch funn jedereen sien Kinner dormang rut. Nich wägen dat Gesicht, nee, wägen dat Kleed! Wat för een Bild.

Nomine, Caroline und Siegmund im Partnerlook auf Hanswarft vor dem Haus der Familie Ketelsen 1908

MAKKARONI MIT BACKOBST

NUDELN MIT BACKOBST

250 g	*Backobst*	*1 1/2 l*	*Wasser*
1/2 Stange	*Zimt*	*250 g*	*Makkaroni*
1 Unbehandelte	*Zitrone*	*1 TL*	*Salz*
1 EL	*Stärkemehl*		

Backobst in einem Topf mit Wasser bedecken. Die Schale der Zitrone und die Zimtstange hinzufügen und langsam köcheln lassen, bis das Backobst weich ist. Das Stärkemehl mit dem Saft einer halben Zitrone und etwas Wasser anrühren und langsam in den Topf gießen. Noch einmal kurz aufkochen lassen und in eine Schüssel umfüllen. Die Makkaroni in kochendes, leicht gesalzenes Wasser geben und nach Packungsangabe garen. Die Nudeln durch ein Sieb abgießen und mit dem Backobst servieren. Wenn bei dieser Mahlzeit Nudelreste übrig bleiben, kann man sie zur nächsten Mahlzeit in Butter anbraten und ein geschlagenes Ei darübergießen.

GERSTENGRÜTZE

GARSENGRÜTT

1 Tasse	*Gerste*	*1 Prise*	*Salz*
2 Tassen	*Sahne*	*2 Tassen*	*Wasser*
1 TL	*Butter*	*Nach Bedarf*	*Sirup, hell*

Wasser zum Kochen bringen und die Gerste einrühren. Eine Tasse Sahne oder Milch und eine Prise Salz zugeben und noch mal kurz aufkochen. Dann bei kleinster Hitze, besser noch unter einer Decke oder der Bettdecke quellen lassen. Die fertige Grütze auf einen tiefen Teller füllen und die restliche Sahne dazugießen. In die Mitte mit einem Löffel eine Kuhle drücken und dorthinein einen guten Teelöffel voll Butter geben. Um dieses Loch wird nun der Sirup gegossen.

MILCHREIS MIT HEISSEN KIRSCHEN

MELKRIES MIT HITTE KIRSCHEN

2 Tassen	*Milchreis*	*1 Prise*	*Salz*
Schale von 1/2	*Zitrone*	*1 Glas*	*Sauerkirschen*
1–2 EL	*Zucker*	*1 gehäufter EL*	*Stärkemehl*
4 Tassen	*Milch*		

Zunächst einen gehäuften Esslöffel Stärkemehl in etwas Kirschsaft anrühren. Milch in einen Topf geben, den Zucker auf den Boden streuen und einmal aufkochen lassen. Dann Salz und Reis zufügen und unter Rühren noch mal aufwallen lassen. Den Topf in ein Handtuch gewickelt unter ein Kissen oder besser noch unter die Bettdecke stellen und etwa eine Stunde quellen lassen. In der Zwischenzeit die Kirschen in ein Sieb abgießen und den Saft mit der Zitronenschale aufkochen. Dann das in Kirschsaft angerührte Stärkemehl unter Rühren einlaufen lassen, noch einmal aufkochen, die Kirschen hinzufügen und zu dem fertigen Reisbrei servieren.

FRIESENCREME

NOHDISCH MIT BRAMMIN UN ROHM

1/2 l	Milch	150 g	Zucker
1/4 Stange	Vanille	8 Blatt	Weiße Gelatine
4	Eier	1 Tasse	Rum nach Geschmack
1/4 l	Schlagsahne	1 Handvoll	Rosinen

Milch und Vanille aufkochen. Vier Eigelb und Zucker schaumig schlagen und unter ständigem Rühren langsam in die kochende Milch geben. Dann im Wasserbad zu einer dicken Creme schlagen. In die etwas abgekühlte Masse die in einigen Esslöffel Wasser eingeweichte und ausgedrückte Gelatine und den Rum mit den darin getränkten Rosinen hinzufügen. Geschlagene Sahne und Eischnee aus vier geschlagenen Eiweiß vorsichtig unterheben. Dann in eine Glasschüssel füllen und fest werden lassen.

Getränke:

LIKÖR

JOHANNISBEEREN OPSETT MIT BRAMMIN

1 kg	Schwarze Johannisbeeren	1 Stange	Zimt
		1 Stange	Vanille
2 l	Wasser	1 kg	Zucker
1 Flasche	Branntwein		

Die Johannisbeeren mit dem Wasser aufkochen und wenn das Gemisch erkaltet ist, Zimt und Vanille hinzufügen. Einen Tag stehen lassen. Anschließend durchsieben und mit einem Kilo Zucker erneut aufkochen. Zuletzt den Branntwein hinzufügen.

Her

Mühle im Norden der Hanswarft. Gebaut von Kurt Diedrichsen zur Stromerzeugung. Häuser (von links) Magda Diedrichsen, Otto und Inge Dell Missier und Familie Ketelsen.

Hooge im Herbst

Das Schönste im Herbst war, wenn der „Bilegger" zum ersten Mal wieder mit den Ditten angeheizt wurde. Der Geruch der Farbe, die man im Mai aufgetragen hatte, war in der ganzen Stube zu riechen: „Dat stunk twors as Hulle, awer dat weer so schön warm."

Bilegger oder Butenböter

Dat is een Oven, de man vun de Rüchsiet (Köök, Stall oder Flur), eben vun Buten, mit Holt oder Ditten füürte. De Oven wurr in de Wand inmuuert, stunn op twee Beene, de Wänne weern ut fein swart putzde Iesenplatten mit Biller ut de Bibel oder dat Leben op't Land un boben op seeten an de beiden vördersten Ecken Messingknöpe. De weern blots wat för't Oog. Un um dat Oog noch een bäten mehr to verwöhnen, hörte in'e Mirden an de Wand een verzierde Kaffemütz ut Messing, de man blots so blitzde un blinkde. Disse Bileggers gäv dat al in't 16. Johrhunnert in de bäteren Buernhüser boben in't Norden un so ok op Hooge.

Disse Aart vun Füerstedt weer allerbest, ok wenn af un to de Ritzen twischen Wand un Oven nich ganz dicht weern, denn so ganz liek weer dat je nich ümmer, awer ok dat keen Problem. Man nehm eenfach een bäten sülmbakkde Brot, kaute dat orndlich dör, klävde dat in de Ritzen un ferdig weer man dormit.

Um den Ofen zum Backen zu heizen, nahm man kleines Holz, damit die Flammen hochgingen. Dann packte man die Ditten hinein. Aber nicht zu viele – je nachdem, was gemacht wurde, war die Anzahl der Ditten genau festgelegt, um die benötigte Hitze zu halten. War ein gewisser Hitzegrad erreicht, wurde die Glut nach links und rechts auf die Seite geschoben. Für Roggenbrot beispielsweise legte man das vorbereitete Brot auf das „Gasselbrett" und schob es für einen kurzen Moment in den Ofen. Wenn das Brot Blasen warf, wurde es wieder herausgenommen und mit Wasser abgewischt. Auch die Glut wurde nun herausgenommen und zum Abkühlen in einen Blecheimer gepackt. Dann schob man das Brot wieder in den Ofen und ließ es mindestens zwei Stunden fertigbacken. Danach drehte man es zum Auskühlen auf den Rücken.

Anschließend nutzte man die Hitze, um Rundstücke (Brötchen) und Weißbrot zu backen. Dieses wurde in Form gebracht (z. B. Kasten) und, ohne es zu „gasseln", in den Ofen geschoben.

War das Weißbrot fertig, packte man das Kleingebäck (z. B. Knerken und Kekse) in den Ofen, und ganz zum Schluss nutze man die Restwärme, um die „Pusters" (Baisers) zu trocknen.

Im Schornstein, der auch zum Räuchern genutzt wurde, waren mehrere Querstangen angebracht, an denen man Würste (niedriger) und Schinken (höher, weil er länger hängen musste und weniger Hitze abkriegen sollte) aufhängte.

Register der Herbstrezepte:

Vorratshaltung:

Im Herbst begann (und beginnt bis heute) mit den ersten Stürmen die Landunter-Zeit. Konnte man früher durch Landunter tagelang Warft und Hallig nicht verlassen, war das kein Problem, denn man hatte genug Vorräte für den ganzen Winter im Haus. Roggen- und Weizenmehl, Zucker und Köm in „Hunden" (Korbflaschen) wurden auf Vorrat gekauft. Zehn Zentner Kartoffeln wurden eingekellert, Kohl und Rüben eingelagert, Obst und Gemüse eingeweckt, Bohnen, Krabben und Butter eingesalzen und Eier in Wasserglas eingelegt. Eine Köstlichkeit muss auch der Schimmelkäse gewesen sein, den auch der dänische König, der dem Hooger „Königspesel" seinen Namen gab, besonders mochte und sich noch jahrelang schicken ließ. Zum Reifen kam diese Kugel Käse zwischen das Heu auf den Heuboden. Sie wurde in ein Leinentuch eingeschlagen und blieb über längere Zeit im Gebälk hängen.
Der „Backte Kees" war reif, wenn sich von außen eine dicke Schimmelschicht gebildet hatte.

Ümmer wenn dat bi't Obendbroot backde Kees geev, weer Lütt-Silke wech oder jüst nich hungeri. Awer dat weer wat Gudes, blots nich jeederman's Saak. Wenn man nich oppasste, leevde de Kees. Dat heet, mit eens harr man de ganze Disch vull mit Maaden!

Alte Vorratskrüge

GESALZENE SCHNIPPELBOHNEN
INSOLTE SCHNIPPELBOHNEN

Die gewaschenen Bohnen wurden zunächst geschnippelt. Auf den Küchentisch gab man reichlich Salz, schüttete die geschnippelten Bohnen darauf und vermischte beides gründlich mit den Händen. Dann presste man die so behandelten Bohnen in einen Steintopf, deckte sie mit einem sauberen Leintuch ab, legte ein passendes Brett darauf und beschwerte das Ganze mit einem Stein.

EINGELEGTE EIER
INLEEGDE EIER

Zur Vorratshaltung gehörten auch Eier in Wasserglas. Wasserglas bestellte man in der Apotheke. Es wurde in einen Steinkrug gefüllt und die Eier darin eingelegt. Diese Eier wurden allerdings nur zum Backen gebraucht. Auch der Eierkrug konnte später für nichts anderes benutzt werden, denn er hatte an der oberen Innenseite einen weißen Rand.

EINGESALZENE KRABBEN

INSOLTE PORREN

Um Krabben einzusalzen, wurde reichlich Salz und Krabben auf den Küchentisch geschüttet und dann beides gründlich mit den Händen vermischt. Die so gesalzenen Krabben wurden in einen Steinkrug gepresst, mit einem sauberen Leintuch abgedeckt und mit einem passend zugesägten Brett beschwert.

GESALZENE BUTTER

SOLTE BODDER

Ziemlich zum Schluss des Vorgangs der Butterherstellung wurde, einmal des Geschmacks wegen, zum anderen damit sich die Butter länger hielt, Salz untergeknetet. Zur Haltbarmachung für den Wintervorrat streute man Salz in einen Steinkrug und füllte eine Lage Butter darauf, dann eine Lage Salz und wieder Butter. Diesen Vorgang wiederholte man, bis alle Butter verbraucht war. Die oberste Lage bestand aus Salz. Darauf wurde ein Tuch gelegt und der Krug in den Keller zu den anderen Vorräten gestellt.

Butterfass

Brot:

Lütt Erika gähn noch nich to School un so wurr se morgens vun Modder Magda noh de Koopmann schickt, um Broot to holen. Se kreeg ok noch 10 Penning, dormit se sik wat koopen kunn. Herrmann Koopmann gäv ehr dat Broot un op to een Kaugummi. Mit dat Broot unner de Arm un de Kaugummi in'e Mund tüdelde Erika to Huus. Modder Magda wull denn doch wäten, wat se sik köfft harr. Nix, antert Erika, un dat Geld heff ik in de Groov smeten. Worum dat denn? Ik heff doch wat kreegen un glöövst du, ik bin so bekloppt un loop noch wedder noh Ockelützwarft?

ROGGENMISCHBROT

BROOT

EINEN TAG VOR DEM BROTBACKEN: MORGENS

50 g	*Sauerteig*	*375 g*	*Roggenmehl*
375 ml	*Wasser*		

50 g Sauerteig aus dem Vorrat vom letzten Backen, Roggenmehl und 38 Grad warmes Wasser in einer Teigschüssel gut verrühren und bei 20 Grad (Zimmertemperatur) abgedeckt einen Tag lang ruhen lassen (bis zum nächsten Morgen). Dringend darauf achten, dass wieder 50 g Sauerteig abgenommen und in einem Schraubglas im Kühlschrank für den nächsten Backag aufgehoben werden.

DER BACKTAG

350 g	*Roggenmehl*	*1/2 Würfel*	*Hefe*
300 g	*Weizenmehl*	*20 g*	*Salz*
700 g	*Sauerteig*	*300 ml*	*Warmes Wasser*

Roggen- und Weizenmehl gut miteinander mischen und getrennt voneinander Salz und gebröckelte, mit wenig Wasser aufgelöste Hefe dazugeben. Nun das restliche warme Wasser (40 Grad) und den Sauerteig gründlich einarbeiten. Alles kräftig miteinander verkneten, bis ein geschmeidiger Teig entsteht. Diesen zu einer Kugel formen, in einer großen Schüssel mit etwas Mehl bestäuben und mit einem Küchentuch abgedeckt an einem warmen Ort von 20–30 Grad etwa eine halbe bis eine Stunde gehen lassen. Danach lässt sich der Teig gut bearbeiten. Noch einmal durchkneten und zu einer Wurst formen. Die Kanten unterschlagen, sodass die Oberfläche eine Spannung erhält. Den Brotlaib in eine Kastenform legen, die nur zur Hälfte gefüllt sein soll, und noch einmal eine Stunde gehen lassen.
Um eine schöne Brotkruste zu bekommen, das Brot mit Wasser bestreichen oder während des Backvorgangs eine Tasse Wasser auf den Boden des Backofens stellen. Bei 200 Grad etwa eine Stunde backen.

HOLUNDERBEERSUPPE MIT GRIESSKLÖSSEN

FLEEDERBEERSUPP MIT KLÜMP

500 g	*Holunderbeeren*	*4-5 EL*	*Zucker*
1 l	*Wasser*	*1/2 Stange*	*Zimt*
2-3	*Äpfel*	*1/2 Päckchen*	*Puddingpulver*

Die reifen Holunderbeeren von den Stielen abstreifen, im Wasser weich kochen und durch ein feines Sieb gießen. Die Äpfel schälen, vierteln und vom Kerngehäuse befreien und mit Zucker und Zimtstange im Holunderbeersaft garen. Die Suppe mit in drei Esslöffeln Wasser angerührtem Puddingpulver sämig kochen. GRIESSKLÖSSE (siehe Grundrezepte) zubereiten und hinzufügen. Dazu schmecken BRATKARTOFFELN (siehe Grundrezepte).

Holunderbeersuppe mit Grießklößen

Wenn wir wenig Zeit haben, kochen wir statt der Grießklöße einen Grießpudding.
1/2 l Milch mit zwei EL Zucker aufkochen und 100 g Grieß unter Rühren einrieseln lassen. Bei geringer Temperatur unter mehrmaligem Umrühren den Grieß quellen lassen, dann abkühlen und mit einem Esslöffel Klöße abstechen, auf den Teller legen und die Holunderbeersuppe dazugießen.

FRISCHE SUPPE MIT KLÖSSEN
SCHLACHTERSUPP MIT KLÜMP

Einige	*Knochen*	*1*	*Karotte*
2 Stück	*Frische Rippen*	*1 Stück*	*Sellerie*
1 ½ l	*Wasser*	*1*	*Zwiebel*
1 Stange	*Porree*		

Knochen und frische Rippen mit Wasser und Salz kochen, bis das Fleisch gar ist. Das sehr grob geschnittene Suppengemüse und die Zwiebel in wenig Wasser getrennt kochen. Nun die Fleischbrühe über das Gemüse gießen und mit Salz und Pfeffer abschmecken.
Dazu GRIESSKLÖSSE (siehe Grundrezepte) zubereiten.

HÜHNERSUPPE
HÖHNERSUPP

1 kg	*Suppenhuhn*	*300 g*	*Sellerie-Knolle*
300 g	*Porree*	*1 EL*	*Salz*
300 g	*Karotten*	*Nach Bedarf*	*Wasser*

Das Suppenhuhn waschen und mit kaltem Wasser bedeckt und einem Esslöffel Salz zum Kochen bringen. Das gewaschene Suppengemüse dazugeben (grob zerkleinert zusammengebunden) und circa zwei Stunden leicht köcheln. In der Zwischenzeit FLEISCH- und GRIESSKLÖSSE sowie SALZKARTOFFELN und REIS (siehe Grundrezepte) (nach Geschmack mit oder ohne Rosinen) zubereiten. Das Huhn ist gar, wenn sich die Schenkel leicht ablösen lassen. Nun das Huhn und das Gemüse aus der Brühe nehmen und in mundgerechte Stücke zerteilen. Gemüse und FLEISCHKLÖSSCHEN wieder in die abgeschmeckte Suppe geben. REIS und SALZKARTOFFELN werden mit den GRIESSKLÖSSCHEN getrennt zur Suppe gereicht.

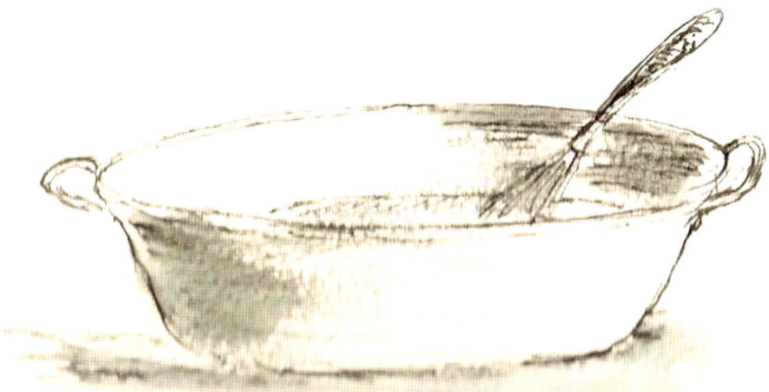

KARTOFFELSUPPE

KARTÜFFELSUPP

Hoppdiedelopp Kartüffelsupp, morgen kümmt mien Tante, bringt mie'n Sack vull Tüdellüdellüt und denn seeg ik: „Danke!"

¼ l	Milch	¼ l	Sahne
1 Bund	Suppengemüse	500 g	Kartoffeln
	Salz		Pfeffer
1 l	Wasser		

Das Suppengemüse und Kartoffeln klein schneiden und in einem Liter Wasser gar kochen. Dann Milch und Sahne dazugießen und noch einmal aufkochen. Mit Salz und Pfeffer würzen. Dazu schmeckt Bockwurst.

NUDELSUPPE

NUDELSUPP

1 Stück	Durchwachsener Speck	2	Karotten
1	Beinscheibe (Rind)	¾ Tasse	Sternnudeln
1 Stange	Porree		Salz
1 Stück	Sellerie		Pfeffer
2 l	Wasser		

Die Beinscheibe und den durchwachsenen Speck mit dem Gemüse im Wasser gar kochen. Zum Schluss die Sternnudeln zugeben und mehrmals umrühren. Mit Salz und Pfeffer abschmecken.

Über 100 Jahre alter Birnbaum im Süden der Hanswarft

Birnen, Bohnen und Speck

Gemüse:

BIRNEN, BOHNEN UND SPECK

BEERN, BOHNEN UN SPECK

½ kg	Speck		Salz
¾ kg	Grüne Bohnen		Pfeffer
¾ l	Wasser	Nach Bedarf	Petersilie
½ kg	Birnen		

Den geräucherten, durchwachsenen Speck im leicht kochenden Wasser vor garen. Dann die gewaschenen, von Fäden befreiten und in Stücke gebrochenen Bohnen hinzufügen. Inzwischen die noch nicht ganz reifen Birnen waschen, die Blüten herausschneiden und die ganzen Birnen mit den Stielen nach oben in das Bohnengemüse setzen. Nun noch ungefähr 20 Minuten köcheln lassen. Die Birnen dürfen nicht zerfallen. Zum Schluss den Speck herausnehmen und in Scheiben schneiden. Die Bohnen vorsichtig mit Salz und Pfeffer abschmecken. Das Gericht mit gehackter Petersilie bestreuen und alles zusammen anrichten. Dazu SALZKARTOFFELN (siehe Grundrezepte) servieren.

WARMER KARTOFFELSALAT

WARME KARTÜFFELSALOD

1 kg	Pellkartoffeln, festkochend	2-3 EL	Essig
		1 TL	Zucker
1	Zwiebel	1 EL	Fett
¼ l	Gemüsebrühe		Salz
	Pfeffer		

PELLKARTOFFELN (siehe Grundrezepte) zubereiten und in dünne Scheiben schneiden. In einem Topf Fett auslassen, darin die klein geschnittene Zwiebel andünsten und mit der GEMÜSEBRÜHE kurz aufkochen lassen. Mit Pfeffer und Salz würzen. Die Kartoffeln darin erhitzen und zum Schluss mit Essig und Zucker abschmecken. Dazu schmecken hart gekochte Eier.

ROTKOHL

ROTKOHL

1 Kopf	*Rotkohl*	*1 großer*	*Boskop-Apfel*
1 Tasse	*Wasser*	*4 EL*	*Zucker*
125 g	*Schweineschmalz*	*1 kleine Tasse*	*Weinessig*

Einen kleinen Kopf Rotkohl in dünne Streifen schneiden und mit wenig Wasser aufkochen. Dann Schweineschmalz, einen klein geschnittenen, großen Boskop-Apfel, Zucker und Weinessig zufügen und etwa eine Stunde auf kleiner Flamme garen lassen. Zwischendurch mehrfach umrühren.

Een vun Omas beste Rezepten weern Pilze, de op Hooge wild wussen. Sammelt wurrn se vun uns Kinner ganz fröh an'e Dag, denn wi wulln uns dat nich vun de Gäste wechnehmen laaten. Wer weet, viellicht harrn de ok so wat in'e Kopp. Dat weer Ehrnsaak, dat wi de ok putzten un tweischnippelten, denn Oma harr genoch to dohn. In een gude Pilzjohr wurrn de Rest för de Winter inweckt.

GESCHMORTE CHAMPIGNONS

BRODE PILZE

Nach Bedarf	*Champignons*		*Salz*
1 EL	*Butter*		*Pfeffer*
Nach Bedarf	*Brot*		

Pilze putzen, klein schneiden und mit Butter anbraten. Nach Bedarf mit einem Schuss Sahne, Salz und Pfeffer abschmecken. Dazu Brot reichen.

STECKRÜBENEINTOPF
HUSCHENSCHNUSCH

300 g	*Karotten*	*3*	*Zwiebeln*
300 g	*Steckrüben*	*1 Stück*	*Schinken*
300 g	*Kartoffeln*	*1 l*	*Wasser*
	Pfeffer		

Das Schinkenstück mit einem Liter Wasser aufsetzen und circa 30–40 Minuten kochen. Karotten, Steckrüben, Kartoffeln und Zwiebeln in Würfel schneiden und mit dem Schinken so lange kochen, bis das Gemüse gar und das Gericht durch die zerkochten Kartoffeln sämig wird. Herzhaft mit Pfeffer abschmecken. Den Schinken in Scheiben schneiden und nach Geschmack, zum Beispiel mit Senf, servieren.

GESTOBTER PORREE
STOVTE PORREE

1 kg	*Porree*		*Salz*
2 EL	*Butter*		*Pfeffer*
2 EL	*Mehl*		*Geriebene Muskatnuss*
1 Becher	*Sahne*		

Welke Blätter vom Porree entfernen. Die Stangen der Länge nach zur Hälfte durchschneiden, waschen und in zwei bis drei Zentimeter lange Stücke schneiden. ½ Liter Wasser zum Kochen bringen und das Lauchgemüse darin zehn Minuten ziehen lassen. In einem Topf Butter zerlassen, das Mehl darin leicht anschwitzen und mit Sahne glatt rühren. Nun das Dämpfwasser vom Porree unterrühren, mit Salz, Pfeffer und Muskat würzen und über das Gemüse gießen.

Deftiges:

SCHIMMELKÄSE
BACKTE KEES

10 l	*Milch*	*Etwas*	*Kümmel*
	Salz		

Zehn Liter Milch in einem entsprechend großen Topf an einen warmen Ort stellen, bis die Milch dickflüssig ist. Dann unter kräftigem Rühren auf der Herdplatte erhitzen, bis die Milch gerinnt und sich die Molke von dem Milchbruch trennt. Der Milchbruch wird mit Salz und

Kümmel gewürzt und zu einer Kugel geformt. Nun die Kugel über Nacht durch ein Leinentuch abtropfen lassen. Die verbleibende Masse soll dann nochmals ausgedrückt werden. Nun in Zeitungspapier einschlagen und zum Reifen unter dem Heu lagern, bis der Käse schimmlig ist. Nun kann er verzehrt werden.

GRIEBENSCHMALZ

GREBENFETT

1 kg	*Flomen*	*Salz*

Ein Kilo Flomen in Würfel schneiden und in einem Topf langsam ausbraten, bis das Fett flüssig ist und sich die abgesetzten Grieben leicht braun färben. Unter Rühren erkalten lassen. Als Brotaufstrich verwenden.

GRÜTZWURST

GRÜTTWUST

400 g	*Hafergrütze*	*1 TL*	*Nelkenpfeffer*
1/2 l	*Wasser*	*2 TL*	*Salz*
250 g	*Rosinen*	*1 Tasse*	*Blut*

Hafergrütze in Wasser (alternativ in Gemüsebrühe) einweichen und zwölf Stunden ziehen lassen. Rosinen, Pfeffer und Salz mit der eingeweichten Grütze mischen und das Blut kräftig unterrühren. In eine Puddingform füllen und 1 1/2–2 Stunden im kochenden Wasserbad garen. In Scheiben schneiden und in Butter braten.

LEBERWURST

LEVERWUST

1	*Schweineleber*	*Pfeffer*
1 kg	*Speck*	*Salz*

Eine Schweineleber und ein Kilo frischen fetten Speck durch den Fleischwolf drehen. Diese Masse mit wenig Wasser geschmeidig rühren und gut mit Salz und Pfeffer würzen. In kleine Gläser füllen. Die Einweckgläser vorher in sehr heißem Wasser spülen und nur zur Hälfte füllen, denn während des Einkochens steigt die Masse nach oben. Dann mit einem Deckel verschließen. Auf den Boden eines Brattopfes ein Küchentuch legen und die Gläser daraufstellen. Sie sollen sich nicht berühren. Nun Wasser einfüllen, sodass die Gläser nur halb unter Wasser stehen. Gut eine Stunde in kochendem Wasser sterilisieren.

SAURE ROLLE

SUERE ROLL

1 kg	*Schaffleisch*	*$^1/_2$ TL*	*Pfeffer*
Etwas	*Rindfleisch*	*1 EL*	*Salz*
1	*Schafsmagen*	*Nach Geschmack*	*Zwiebeln*

1 Kilo Schaffleisch und etwas Rindfleisch durch die grobe Scheibe des Fleischwolfs drehen, salzen und pfeffern. Den Schafsmagen in Stücke schneiden, damit er sich gut reinigen lässt. Gründlich waschen und in Kalk legen. Die sauberen Stücke zu einem Schlauch zusammennähen, mit der durchgedrehten Masse stopfen und zunähen. Dazu schmecken gestobtes Gemüse und SALZKARTOFFELN (siehe Grundrezepte).

SCHWEINEBAUCH IM WECKGLAS

INWECKTE SWIENSBUUK

Nach Bedarf	*Schweinebauch*	*Nach Bedarf*	*Pfefferkörner*
1	*Lorbeerblatt*		*Salz*
1	*Zwiebel*		

Eine besondere Delikatesse war früher Schweinebauch im Weckglas. Dazu wird ein Teilstück des Bauchs mit Pfefferkörnern, Lorbeerblatt und Zwiebel, Salz und Pfeffer gewürzt, aufgerollt und in einem besonders großen Weckglas eingekocht. In Scheiben geschnitten wird der eingeweckte Schweinebauch kalt mit BRATKARTOFFELN (siehe Grundrezepte) gegessen.

SCHWARZSAUER VOM SCHWEIN

SWATTSUER

1	*Herz*	*1 Tasse*	*Essig*
2	*Nieren*	*1 Tasse*	*Wasser*
500 g	*Bauchfleisch*	*1*	*Lorbeerblatt*
1 EL	*Salz*	*1 Prise*	*Pfeffer*
Nach Bedarf	*Schweineblut*		

Herz und Bauchfleisch einmal durchschneiden und mit den Nieren in gewürztem Essigwasser eine $^3/_4$ bis eine Stunde köcheln lassen, bis alles gar ist. In diesen Fleischtopf wird nun frisches Schweineblut kräftig eingerührt, damit es nicht gerinnt. Die Brühe dann noch einmal kräftig aufkochen lassen. Nun diesen Fleischtopf in einen Steinkrug oder ein sonstiges Gefäß umfüllen und erkalten lassen. Zum Verzehr portionsweise davon abnehmen. Dazu isst man MEHLKLÖSSE und PELLKARTOFFELN (siehe Grundrezepte). Weißsauer bereitet man ohne Blut zu.

SPIEGELEI MIT SPECK

SPEEGELEI MIT UTBRODE SPECK

4	*Eier*	*1 Becher*	*Saure Sahne*
4 Scheiben	*Speck*	*Etwas*	*Fett*
	Salz		*Pfeffer*

Die Speckscheiben in einer Pfanne in etwas Fett von beiden Seiten anbraten und auf jede Speckscheibe ein Ei aufschlagen. Den Deckel auf die Pfanne legen und so lange bei niedriger Temperatur braten, bis die Eier gestockt sind. Speck und Eier herausnehmen und die saure Sahne in der Pfanne zur Soße rühren. Mit Salz und Pfeffer abschmecken. Dazu schmecken SALZKARTOFFELN (siehe Grundrezepte).

GESCHNETZELTES

SCHNIPPELPANN

Nach Bedarf	*Schweinefleisch*	*Etwas*	*Brot*
1	*Zwiebel*		*Salz*
Etwas	*Fett*		*Pfeffer*

Abends, am Schlachttag, bevor das Schwein zerlegt wurde, schnitt man von allem dünne Streifen ab. Diese wurden in der Pfanne mit wenig Fett und Zwiebelwürfeln gebraten und mit Salz und Pfeffer gewürzt. Dazu gab es Roggenbrot.

KOHLROULADEN

KOHLRULODEN

500 g	*Gemischtes Hackfleisch*	*1 EL*	*Paniermehl*
1	*Ei*		*Salz*
1	*Zwiebel, klein geschnitten*		*Pfeffer*
½ l	*Wasser*	*1 Kopf*	*Weißkohl*

Hackfleisch, Ei, Zwiebel, Salz, Pfeffer und Paniermehl miteinander zu einem Frikadellen-Teig verkneten. Einen kleinen Weißkohlkopf in einem großen Topf 15 Minuten köcheln lassen. Dann aus dem Topf nehmen, etwas abkühlen lassen und vorsichtig die Blätter vom Kohl lösen. Jeweils zwei bis drei Blätter aufeinander auf die Arbeitsplatte legen. Auf jeden Blattstapel nun zwei Esslöffel Frikadellen-Teig geben und in die Kohlblätter wickeln. Mit einer Rouladen-Nadel oder einem Bindfaden fixieren. In einem Bratentopf in heißem Fett rundum anbraten, ½ Liter Wasser zugießen und 20 Minuten köcheln lassen. Die Soße mit 1 TL Mehl in Wasser oder Sahne verrührt sämig machen und mit Salz und Pfeffer abschmecken.

EINGELEGTE QUITTEN

INLEGGTE QUITTEN

Nach Bedarf	*Quitten*	*1 Tasse*	*Zucker*
1 Tasse	*Weinessig*		

Mit einem Tuch oder einer Bürste die Quitten abreiben, großzügig schälen, in mundgerechte Stücke schneiden und in Weckgläser schichten. Die Schalen in Wasser aufkochen, durch ein Sieb gießen. Dann das Quittenwasser herzhaft mit Zucker und Essig abschmecken und über die Quittenstücke gießen. Die Gläser gut verschließen und im Wecktopf einkochen. Diese Quitten werden als Beilage zu Fleisch- oder auch zu Kartoffelgerichten gereicht.

EINGELEGTE PFLAUMEN

INLEGGTE PLUMMEN

500 g	*Pflaumen*	*1/2*	*Zimtstange*
500 g	*Zucker*		*Nelken*
1 l	*Weinessig*		

Die Pflaumen abwischen, mit einer Nadel einstechen und in ein Glas oder einen Steinkrug geben. Weinessig und Zucker mit der Zimtstange und Nelken einige Minuten kochen, in eine Schüssel gießen und abkühlen lassen. Dann über die Pflaumen gießen, zubinden und kalt stellen. Nach einer Woche gießt man den Saft ab, kocht ihn nochmals auf, lässt ihn erkalten und gießt ihn wieder über die Pflaumen. Das Gefäß wird nun gut abgebunden und an einem kühlen Ort aufbewahrt. Die eingelegten Pflaumen sind eine herzhafte Beilage zu Fleischgerichten.

Fisch:

GEBRATENER AAL

BRODE AAL

Nach Bedarf	*Aal*	*Salz*
1	*Ei*	*Pfeffer*
Etwas	*Butter*	*Mehl*

Der frische Aal wird ausgenommen, gereinigt und in drei etwa zehn Zentimeter große Stücke geschnitten. Nun mit Pfeffer und Salz würzen, erst in Mehl, dann in dem aufgeschlagenen Ei wenden und in Butter goldbraun braten.

Marthas Haus auf Backenswarft um 1920

GERÄUCHERTER AAL
RÖGERTE AAL

Nach Bedarf	*Aal*

Der frische Aal wird ausgenommen, gereinigt, trocken gerieben, auf einen Stahlstift aufgezogen und in den Räucherofen gehängt. Dort wird der Aal etwa zwei Stunden mit Buchenspänen geräuchert.

Früher wurden Aale auch auf Vorrat geräuchert und anschließend haltbar gemacht. Dazu wurde der Aal in acht bis zehn Zentimeter lange Stücke geschnitten. Diese wurden dann aufrecht in 1-Liter-Weckgläser gestellt. In das Weckglas wurde ein Esslöffel Butter gegeben. Das Glas wurde mit einem Deckel verschlossen und im Einwecktopf zehn Minuten sterilisiert.

GRÜNER AAL IN DILLSOSSE
GRÖNE AAL

Nach Bedarf	*Aal*	*Nach Bedarf*	*Senf*
1/2 Flasche	*Weißwein*	*1 Schuss*	*Milch*
1	*Zwiebel*	*2 EL*	*Butter*
3 EL	*Mehl*		

Grüner Aal wurde früher auf der Hallig nicht zubereitet. Da es aber ein hervorragendes Rezept ist, haben wir es dennoch in unser Kochbuch aufgenommen.
Der Aal wird im Weißwein geköchelt, bis er gar ist. Geht er leicht von der Gräte, kann er aus dem Topf genommen werden. Zum Binden der Soße die Butter in einer Pfanne zerlassen, die klein geschnittene Zwiebel sowie das Mehl hinzugeben und unter ständigem Rühren anschwitzen. Die heiße Mehlschwitze mit einem Schuss kalter Milch ablöschen und glatt rühren. Dann den Wein-Fisch-Sud langsam dazugießen und mit Senf und frischem, klein gehacktem Dill verfeinern. Mit SALZKARTOFFELN (siehe Grundrezepte) servieren.

Vun't Aalstecken

Nich blots op Bütt weer man ut, ok Aal kunn man gut hem, broot, in suer oder rögert. Man fung de Aal mit so wat Ähnliches as een Hark, an de Tinnen weern, vun de een Wedderhaakens harr. Wenn't denn Harvst wurr, gähn man mit Boot ruut in'e Priels, fohrte mit de Hark dör de Schlick un halte em gau noh boben, wenn denn een Aal an de Tinnen seet. Man muss tämli fix wähn, anners weer de Aal wedder wech. In'e Winter pickerte man een Loch in't Ies, bröchde een Stöttworm so 30 cm in'e Schlick, denn so deep seeten de Aal, un halte se ruut. Dat gähn eenfach so, weil de Stöttworm ut twee Fedderarms weer, de sik opklappten, sik um de Aal leggten un man se so bi de Büx harr. Wenn man keen Stöttworm harr, däh dat ok een Bund Stroh, de man dör dat Iesloch eenfach daalfallen leet. Anner Dag harrn sik de Aal dorin verkraapen un dat weer een Kinnerspill, se ruuttohalen. As de Warften höger maakt un dordör de Baggerlöcher wurrn, weil se dor de Sand dorvör ruuthalten, harr man een annere Steed, nich för't Aalstecken, awers för't Aalfangen in Reusen. Dat gähn ok ganz gut, bit de Baggerlöcher mehr un mehr mit Schiet un Miss füllt wurrn. Un wer mach al gern Schiet- un Missaal. Am besten smeckten ümmer noch de ut de Nordsee, dor swabbelten se frie rum, seeten nich in'e Schiet un smeckten dorum ok nich dornoh. Hüüt warrn ok noch Reusen in'e Priels utleggt, awer dat warrt leeger, denn dorför brugt man hüüt een Fischerischien. Bi wat is wat!

Muscheln:

SANDKLAFFMUSCHEL-FRIKADELLEN

FISCHFRIKEDILLEN

2 kg	Sandklaffmuscheln	1 EL	Salz
1	Zwiebel		Pfeffer
2	Kartoffeln	Nach Bedarf	Fett
Etwas	Schinken		

PELLKARTOFFELN (siehe Grundrezepte) zubereiten. Die Sandklaffmuscheln (auf Hooge auch Pisters genannt) reinigen und in kochendem Salzwasser so lange ziehen lassen, bis sich die Schalen öffnen. Dann die Muscheln aus der Schale nehmen und mit allen Zutaten durch den Fleischwolf drehen. Herzhaft mit Salz und Pfeffer abschmecken, zu Klopsen formen und in heißem Fett goldbraun braten.

MIESMUSCHELN I

MUSCHELN I

2 kg	Miesmuscheln	1 EL	Salz
	Wasser		

Zwei Kilo frische Muscheln ausfrischen (in frischem Wasser über Nacht stehen lassen).
Am nächsten Tag von Pocken und Bart säubern und in kochendem Wasser dämpfen, bis sich die Muschelschale öffnet. Dazu isst man frisches dunkles Brot.

MIESMUSCHELN II

MUSCHELN II

2 kg	Miesmuscheln	1 EL	Salz
1/2 Flasche	Weißwein		Pfeffer
1 Bund	Suppengemüse	2	Lorbeerblätter
Nach Bedarf	Wasser	1 Schuss	Pernod

Heute kann man die Miesmuscheln auch wie folgt zubereiten: Miesmuscheln sammeln/ kaufen und ausfrischen (mehrere Stunden in frischem Wasser stehen lassen, das Wasser öfter auswechseln). Von Pocken befreien und säubern. Einen Topf zur Hälfte mit Wasser füllen. Suppengemüse, Weißwein, Lorbeerblätter, Salz und Pfeffer und einen Schuss Pernod (alternativ kann auch etwas Fenchel genommen werden) ins Wasser geben. Den Gemüsefond zum Kochen bringen und die Miesmuscheln hinzugeben. Die Muscheln so lange dämpfen, bis sie sich öffnen.

MIESMUSCHELN IN GELEE

MUSCHELN IN GELEE

2 kg	Miesmuscheln	5 Blatt	Weiße Gelatine
1 TL	Zucker	1 Blatt	Rote Gelatine
Nach Bedarf	Pfefferkörner	2	Zwiebeln
1	Lorbeerblatt		

Zwei Kilo frische Miesmuscheln in kochendem Wasser dämpfen, bis sich die Muschelschale öffnet. Das Muschelfleisch herauslösen. Die Gelatine in einer Tasse Wasser einweichen und in heißen ESSIG-SUD (siehe Grundrezepte) einrühren.
Das Muschelfleisch locker in Gläser füllen, Zwiebelringe, Lorbeerblatt und Pfefferkörner darauflegen, mit dem heißen Essigguss bedecken und kalt stellen.

GEBRATENE MIESMUSCHELN

BRODE MUSCHELN

2 kg	*Miesmuscheln*		*Salz*
Nach Bedarf	*Wasser*		*Pfeffer*
Nach Bedarf	*Fett*	*Etwas*	*Mehl*
2	*Eier*		

Zwei Kilo frische Miesmuscheln in kochendem, leicht gesalzenem Wasser dämpfen, bis sich die Muschelschale öffnet. Das Muschelfleisch herauslösen, in Mehl wenden und in heißem Fett schön knusprig braten. Zwei geschlagene Eier mit Salz und Pfeffer würzen, über die gebratenen Muscheln gießen und stocken lassen.

Süßes:

BAISERS

PUSTERS

3	Eiweiß	200 g	Zucker

Eiweiß steif schlagen, unter weiterem Schlagen Zucker einrieseln lassen. Mit einem Teelöffel Häufchen auf ein Backblech setzen. Bei 100 Grad eine Stunde trocknen lassen.

APFELAUFLAUF

APPELOPLOOP

1 kg	Äpfel	100 g	Rosinen
Etwas	Fett	3 EL	Zucker
Nach Bedarf	Semmelbrösel	4	Eier
150 g	Geriebene Mandeln	100 g	Butter
250 g	Mehl	175 g	Saure Sahne

Die Äpfel schälen, vierteln und in dünne Scheiben schneiden. Eine feuerfeste Form ausfetten und mit Semmelbröseln ausschwenken. Eine erste Schicht Äpfel mit einem Drittel der geriebenen Mandeln, einem Drittel der Rosinen und einem Esslöffel Zucker in die Form geben. Dieses zweimal wiederholen.
Aus Eiern, Butter, Mehl und der Sahne einen glatten Teig rühren und langsam über den Auflauf gießen. Im vorgeheizten Backofen bei 200 Grad circa eine Stunde backen.

GEDECKTER BIRNENKUCHEN

BEERNKOOKEN

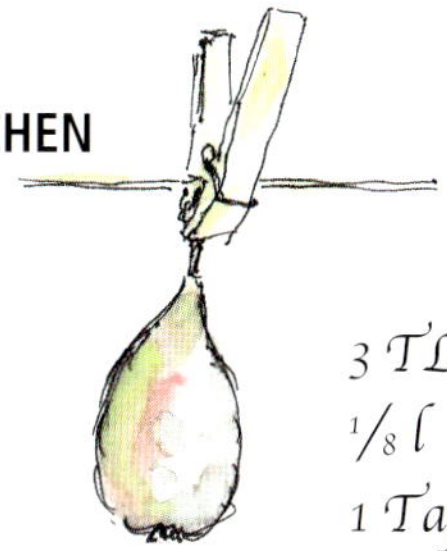

125 g	Butter	3 TL	Backpulver
100 g	Zucker	1/8 l	Milch
3	Eier	1 Tafel	Geriebene Zartbitterschokolade
50 g	Gemahlene Mandeln	1 EL	Kakao
250 g	Mehl	5 EL	Haferflocken
1/2 TL	Zimt	1 Schuss	Rum
1 kg	Birnen		

Butter und Zucker schaumig schlagen und nach und nach die Eier, gemahlene Mandeln, mit Backpulver gemischtes Mehl, Milch und die übrigen Zutaten unterrühren. 2/3 des Teigs in eine gefettete Springform füllen und die geschälten, vom Kerngehäuse befreiten Birnenhälften leicht in den Teig drücken. Dann den restlichen Teig darüber verteilen. Im vorgeheizten Backofen auf der unteren Schiene bei 180–200 Grad ca. eine Stunde backen.

OBSTKUCHEN

OBSTKOOKEN

1 Tasse	Sahne	125 g	Butter
2 1/2 Tassen	Zucker	200 g	Gehobelte Mandeln
2 Tassen	Mehl	4 EL	Milch
4	Eier	2 Tassen	Apfelstückchen
1 Päckchen	Backpulver	2 Päckchen	Vanillezucker

Sahne, zwei Tassen Zucker, Mehl, Eier, Backpulver, ein Päckchen Vanillezucker und die Apfelstückchen gut miteinander vermischen, auf ein Backblech streichen und 30 Minuten bei 180 Grad backen. Für den Belag Butter, 1/2 Tasse Zucker, ein Päckchen Vanillezucker, die Mandeln und die Milch miteinander verrühren, auf den Kuchen streichen und weitere zehn bis 15 Minuten backen, bis die Mandeln braun werden. Statt Äpfeln kann auch anderes Obst genommen werden.

OBSTTORTE
OBSTTORT

100 g	Butter	1 kg	Obst der Jahreszeit
80 g	Zucker	1 EL	Stärkemehl
200 g	Mehl	1 Tasse	Fruchtsaft
2 EL	Wasser	1 Päckchen	Vanillezucker

Butter, Zucker, Mehl und Wasser gut miteinander verkneten und eine Stunde im Kühlschrank ruhen lassen. Danach ausrollen und in eine gut eingefettete Obst-Tortenboden-Form legen. Mit einer Gabel den Teigboden mehrfach einstechen. Bei 180 Grad circa 20 Minuten goldbraun backen. Den etwas abgekühlten Boden auf eine Tortenplatte stürzen und nach Geschmack mit Obst der Jahreszeit belegen. Stärkemehl mit Vanillezucker und Obstsaft unter ständigem Rühren aufkochen lassen und mit einem Esslöffel heiß von der Mitte nach außen über das Obst gießen. Mit geschlagener Sahne servieren.

OFENKUCHEN
OVENKOOKEN

250 g	Butter	1 Päckchen	Backpulver
200 g	Zucker	5	Birnen
5	Eier	Nach Bedarf	Speckscheiben
375 g	Mehl		

Butter mit Zucker schaumig rühren und nach und nach die Eier zugeben. Dann das mit Backpulver gemischte Mehl löffelweise unterheben. Eine feuerfeste Form mit Butter einfetten und mit dünnen Speckscheiben auslegen. Darauf die gedünsteten, abgetropften Birnenhälften schichten und den Rührteig darübergeben. Abschließend den Ofenkuchen mit Speckscheiben belegen. Bei 180 Grad etwa eine Stunde auf der unteren Schiene im Ofen Backen. Dazu schmeckt Vanillesoße.

PFLAUMENKUCHEN
PLUMMENKOOKEN

150 g	Quark	1 Päckchen	Vanillezucker
6 EL	Milch	300 g	Mehl
6 EL	Fett	1 Päckchen	Backpulver
75 g	Zucker	$1^1/_2$ kg	Entsteinte Pflaumen

Die Pflaumen waschen, entkernen und aufschneiden. Quark, Milch, flüssiges Fett, Zucker, Mehl und Backpulver miteinander verrühren und gut kneten. Dann auf einem gefetteten Backblech ausrollen. Die Pflaumen mit der Haut nach unten fächerförmig auf den Teig schichten. Bei 180 Grad 20–25 Minuten backen. Dann mit Vanillezucker bestreuen.

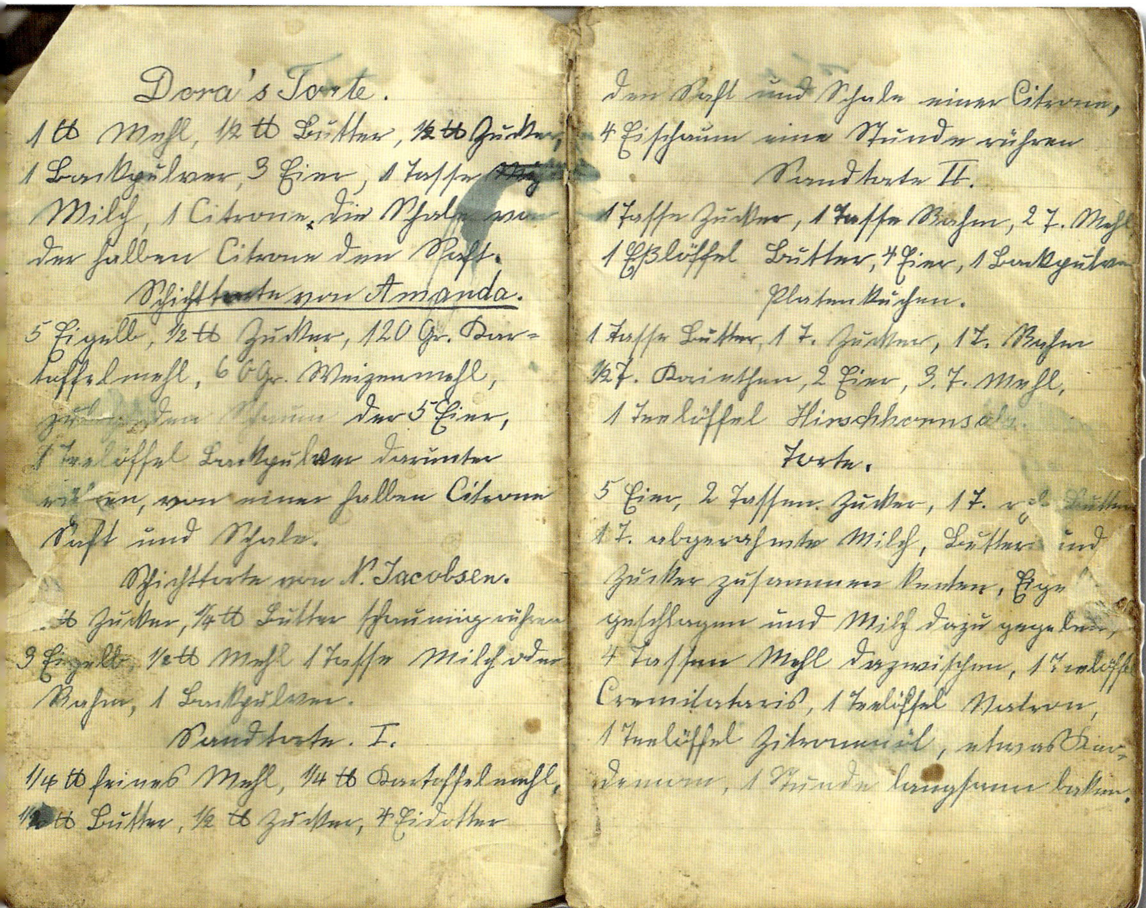

REISAUFLAUF

RIESOPLOOP

75 g	*Rundkornreis*	*2*	*Eier*
$^3/_4$ l	*Milch*	*1 EL*	*Zucker*
Etwas	*Butter*	*2 TL*	*Zimt*
2	*Äpfel*	*Nach Bedarf*	*Semmelbrösel*

Reis unter fließendem Wasser waschen und abtropfen lassen. Die Milch mit Butter und etwas Salz aufkochen. Den Reis einrieseln lassen, umrühren und zugedeckt bei niedriger Hitze oder unter der Bettdecke garen lassen. Dann abkühlen lassen. Eier trennen, Eigelbe mit Zimt und Zucker schaumig rühren. Äpfel schälen, entkernen und in dünne Scheiben schneiden.

Reis mit den Apfelscheiben mischen, Eigelbmasse einrühren und Eischnee unterziehen. Eine feuerfeste Form einfetten, mit Semmelbröseln ausstreuen und die Reismasse einfüllen.
Im vorgeheizten Backofen bei 180 Grad circa 30 Minuten goldgelb backen. Kalt oder warm mit Fruchtsoße servieren.

WINDBEUTEL

WINDBÜDDEL

1/4 l	Wasser	6	Eier
50 g	Butter	1 TL	Backpulver

Wasser und Butter aufkochen, dann das Mehl auf einmal unter kräftigem Rühren zufügen und so lange rühren, bis sich der Teig vom Topfboden löst. Etwas abkühlen lassen, dann nach und nach die Eier unterheben. Wenn der Teig abgekühlt ist, das Backpulver untermischen. Mit einem Esslöffel Häufchen auf ein Backblech setzen und bei 180 Grad goldbraun backen.

BROT MIT ZUCKER

ZUKKERBROOT

Je 1 Scheibe	Brot		Zucker
Nach Bedarf	Butter		

Je eine Scheibe frisches dunkles Brot mit Butter bestreichen und mit Zucker bestreuen.

BROT MIT BIRNENSCHEIBEN

BROOT MIT BEERN

Je 1 Scheibe	Brot	1	Birne
Nach Bedarf	Butter		

Man war früher recht erfinderisch mit Brotbelägen, da diese oft knapp waren. Heute sind Raritäten wie „Brot mit Birnenscheiben“ in Vergessenheit geraten. Es zu probieren lohnt sich aber: einfach eine Scheibe Brot mit Butter bestreichen und mit frisch geschnittenen Birnenscheiben belegen.

KASTENKUCHEN
KASSENKOOKEN

4	Eier	3 Tassen	Mehl
1 Tasse	Fett	1 Tüte	Backpulver
2 Tassen	Zucker	1 Tasse	Wasser
1 Tasse	Schokoladen-Stückchen		

Alle Zutaten zusammen verrühren und in eine gut gefettete Kastenform füllen. Bei 170 Grad 40 Minuten backen.

MARMORKUCHEN
MARMORKOOKEN

200 g	Butter	4	Eier
200 g	Zucker	1 Päckchen	Backpulver
1 Päckchen	Vanillezucker	3 EL	Kakao
500 g	Mehl	¼ l	Milch
1 Prise	Salz	Etwas	Puderzucker
	Grießmehl		

Butter schaumig schlagen und nach und nach Zucker, Vanillezucker, Salz und die Eier einzeln unterrühren. Mehl mit Backpulver mischen und löffelweise im Wechsel mit ²/₃ der Milch einarbeiten.
Eine Kastenform gut einfetten und mit Grießmehl ausstreuen. ²/₃ des Teigs einfüllen und glattstreichen. In den restlichen Teig den Kakao und die Milch unterrühren und auf den hellen Teig streichen. Eine Gabel spiralförmig durch beide Teigschichten ziehen. Bei 170 Grad 50–60 Minuten backen. Stäbchenprobe machen. Zum Servieren mit Puderzucker überstäuben.

Gastebott mit Sammeltassen

Ok op Hooge laaden sik de Fruuns gegensiedig to Kaffe in. Jedereen dä sien Bestes. Dat gäv Kooken ohne Enne un man muss vun alle Torten, dröge Stücken un Kekse wat nehmen un dat bi de eerste Dörgang un meestens weern de Teller veel to lütt. Dat nüdzde al nix, dor must man dör, anners weer de Huusfruu beleidigt. Awer dat gäv noch een annere Besunnerheit: de Sammeltassen. Dormit weer de Disch deckt, un natürli weer jedereen dorop bedacht, so veel Sammeltassen as möchli to hem. Sotoseggen as bunte Mischung!

QUITTENTORTE

QUITTENTORT

1 Glas	*Eingeweckte Quitten*	*$^1/_2$ l*	*Sahne*
2–3 EL	*Zucker*	*1 gehäufter EL*	*Stärkemehl*
1 Päckchen	*Vanillezucker*		*Zitronensaft*

Einen BISKUITTORTENBODEN (siehe Grundrezepte) herstellen, über Nacht ruhen lassen und dann zweimal waagerecht durchschneiden. Die beiden unteren Platten mit je einem Esslöffel Zitronensaft, vermischt mit $^1/_2$ Teelöffel Zucker, beträufeln. Die Quitten in einem Sieb abtropfen lassen und kleine Stücke für die Dekoration beiseitelegen. Den Quittensaft und die Quitten mit einem Esslöffel Zucker aufkochen und mit in Saft vermischtem Stärkemehl andicken. Einmal aufkochen lassen und von der Herdplatte nehmen. Wenn das Quittenkompott etwas abgekühlt ist, auf die beiden unteren Tortenböden streichen. Darauf etwa zwei Zentimeter der mit etwas Zucker steif geschlagenen Sahne verteilen. Die obere Platte daraufsetzen, mit der restlichen Sahne und den Quittenstückchen dekorieren.

Werner, Magda (von links) und Ilse Boyens (auf dem Arm), Elli Ebert (rechts) 1946 auf der Volkertswarft

KOKOSMAKRONEN

KOKOSMAKRONEN

6	*Eiweiß*	*250 g*	*Kokosraspeln*
350 g	*Zucker*		

Eiweiß zu steifem Schnee schlagen und löffelweise den Zucker zugeben. Die Eiweiß-Zucker-Masse muss sehr steif sein. Dann die Kokosraspeln vorsichtig untermischen. Mit zwei Teelöffeln kleine Häufchen auf ein Backblech setzen und bei 100 Grad mindestens eine Stunde im Backofen mehr trocknen als backen. Essprobe machen.

FETTGEBACKENES

SCHMEERNÜTT

3	*Eier*	*500 g*	*Mehl*
1 Becher	*Saure Sahne*	*1 Päckchen*	*Backpulver*
1 Becher	*Zucker*		

Alle Zutaten miteinander verrühren, kleine Kugeln formen und in heißem Fett schwimmend goldgelb ausbacken. Eventuell einmal wenden.

PFLAUMENSUPPE MIT KLÖSSEN

PLUMMENSUPP MIT KLÜMP

500 g	*Trockenpflaumen*	*1 Handvoll*	*Sago*
1 Handvoll	*Rosinen*	*Nach Geschmack*	*Zucker*
1 Zitrone	*Schale und Saft*	*1 l*	*Wasser*

Die Pflaumen über Nacht einweichen. Am nächsten Tag zusammen mit den Rosinen, der Zitronenschale und dem Sago köcheln, bis alles gar ist. Zum Schluss mit Zucker und Zitronensaft abschmecken und MEHLKLÖSSE (siehe Grundrezepte) hinzufügen.

KARTOFFELPUDDING

KARTÜFFELPUDDING

12	*Kartoffeln*	*150 g*	*Zucker*
100 g	*Grieß*	*2 TL*	*Backpulver*

Am Vortag PELLKARTOFFELN (siehe Grundrezepte) kochen, pellen und zerdrücken. Alle Zutaten gut miteinander verrühren, in eine gefettete und mit Semmelbröseln ausgestreute Puddingform geben und eine Stunde im kochenden Wasserbad garen.

EISENKUCHEN

KNIEPKOKEN

125 g	*Butter*	*375 g*	*Mehl*
125 g	*Zucker*	*2*	*Eier*
1 Prise	*Salz*	*1 Päckchen*	*Vanillezucker*

Alle Zutaten gut kneten, zu einer faustdicken Rolle formen und in den Kühlschrank stellen. Am nächsten Tag dünne Scheiben abschneiden und in einem flachen Waffeleisen goldgelb backen.

Getränke:

HOLUNDERBEERSAFT

FLEEDERBEERSAFT

Nach Bedarf	*Holunderbeeren*

Holunderbeeren von den Stielen abstreifen, aufkochen und durch ein Küchenhandtuch sieben/drücken. Den Saft heiß in Flaschen gießen und luftdicht verschließen. Ein gesunder Vorrat für den Winter, der mit Zucker heiß getrunken wird und gut gegen Erkältung ist.

BOHNENSUPPE

BOHNENSUPP

1 Flasche	*Branntwein*	*100 g*	*Brauner oder Kandiszucker*
Nach Bedarf	*Rosinen*		

Rosinen mit Zucker in ein Schraubglas füllen und mit Branntwein übergießen, sodass alle Rosinen bedeckt sind. Sogleich verschließen und eine Woche ziehen lassen. Ewig haltbar! Bohnensupp wird in kleinen Gläsern als Likör getrunken oder zur Verfeinerung von Kuchen oder Pudding verwendet.

Holunderblüten

Win

Im Eiswinter beim Eisbootschieben musste jeder verfügbare Hooger mit anpacken. Mit dem Boot wurde die Post von Pellworm geholt.

ter

Hooge im Winter

Im Dezember wurde auf Hooge geschlachtet und das Fleisch zu leckeren Festtagsbraten für Weihnachten, Silvester und den Boßelball verwendet. Um das Fleisch haltbar zu machen, legte man es in ESSIG-SUD (siehe Grundrezepte) ein. Außerdem wurde jede Menge Wurst hergestellt und eingeweckt.

Kinkenbaum

Weihnachten …

Wenn Wiehnachen is, wenn Wiehnachen is, denn slacht mien Vadder een Bock, denn danzt mien Modder, denn danzt mien Modder, denn wackelt ehr de Rock.

Wiehnachenobend, denn kümmt dat vun boben, denn pingeln de Glocken, denn danzen de Poppen, denn piepen de Müüs in Grotvadders Hüüs.

In den friesischen Utlanden war das Tannengrün schon immer rar. Daher baute man sich aus einfachen Hölzern eine Art Weihnachtspyramide: den friesischen „Kinkenbuum", ein flaches Holzgestell, das uns heute kunstvoll gestaltet auf den Weihnachtsmärkten der Inseln und Halligen begegnet und so manches Fenster der Friesenhäuser schmückt. Ein drei- bis vierarmiges hölzernes Kreuz steckt in einem rechteckigen Fuß. Büschel von Immergrün oder ein üppiger grüner Kranz, getrocknete Früchte, symbolische Figuren und vier Kerzen schmücken das Gestell. „Kinken" bezeichnet im Plattdeutschen das „Kindchen", hier das Christkind. Später ersetzte der Begriff „kinken" die halligfriesische Bezeichnung „Wiinachenman" für Weihnachtsmann. Heidnische und christliche Bräuche vermischen sich in diesem bemerkenswerten Beispiel nordfriesischer Kultur. Schon in der ersten Hälfte des 19. Jahrhunderts, zu einer Zeit, als der Weihnachtsbaum in Schleswig-Holstein noch das Privileg der „oberen Zehntausend" war, stand in den friesischen Stuben ein „Kinkenbuum". In verschiedensten Formen, manchmal auch ganz ohne Grün und Kerzen, zeichnete er sich doch immer durch das sorgfältig gearbeitete „Gestaltengebäck" aus. Diese Figuren, auch „Poppen" oder „Kinkentüch" genannt, sind wesentlich älter als der Baum. Sie sind Sinnbilder für Glück, Stärke, Fruchtbarkeit, immerwährende Wünsche für das kommende Jahr. Oben auf dem „Kinkenbuum" bannen vier Kerzen die Dunkelheit und bedeuten göttliche Kraft. Sie stehen für die vier Adventssonntage und den Wunsch nach vier guten Jahreszeiten.

Silvester …

An de ledzde Dag vun't ole Johr (Oljohrsobend) wurr een masse dumme Tüch maakt. Allns, wat nich niet- un nogelfast weer, wurr verslept. So de eene oder annere Holtwaag, de denn uteenannerbuut op't Dack wedder funnen wurr. Denn gäv dat een Bürgermeister, de de Rummelpottlöpers nich rinlaaten wull. Wat dähn se? Se kalkden em de Finsters to, dat se nich mehr rutkieken kunn. Dat harr he nu dorvun. Rummelpottlopen weer sowieso so'n Saak. Nich ümmer jugendfrie! Dat gäv je ok een Barg schöne Drinken un Pasters Kinner sind af un to mol mit de Schuuvkoor to Huus bröcht wurrn.

Ein in Nordfriesland weit verbreiteter Brauch ist das Rummelpott-Laufen in der Silvesternacht. Heute bilden Kinder und Erwachsene schon Wochen vor dem Jahreswechsel Gruppen mit streng geheimer, selbst entworfener Verkleidung, schreiben selbst gedichtete Texte und üben alte plattdeutsche Lieder ein. Mit der Abenddämmerung wird dann losgezogen, von Tür zu Tür, singend und Futjes essend.

Die besungenen Futjes werden nach ein bis zwei Ständchen in der Küche des jeweiligen Haushalts verzehrt. Dabei sitzt man meist dicht gedrängt am liebevoll geschmückten Küchentisch. Eine ideale Gelegenheit, auch die von Weihnachten übrig gebliebenen Süßigkeiten restlos wegzunaschen. Erwachsene bekommen zu den Futjes beim Rummelpott-Laufen den traditionellen Teepunsch, der mit den gesungenen Worten „Punsch, Punsch, Punsch ist unser Wunsch" gefordert und in winzigen Tassen serviert wird. Nach ein bis drei Tassen Teepunsch pro Haushalt und bei fleißigen Gruppen bis zu 20 Nachbarschaftsbesuchen ist so mancher Rummelpott-Läufer so „duun", dass der Jahreswechsel zur Nebensache wird. Heutzutage fehlt meist der Rummelpott, der der Tradition ihren Namen gab. Es handelt sich dabei um einen Topf, über den eine Schweinsblase gespannt wird. Ein Schilfrohr, das in der Schweinsblase steckt, erzeugt beim Reiben ein lautes „Rummeln" (plattdeutsch für: poltern, lärmen), das die bösen Geister, die zum Jahreswechsel umherwandern, vertreiben soll.

Biikebrennen …

Lieber Lehrer gib uns frei, eine Stunde oder zwei.
Denn heute ist der Petritag, wo man nicht gern lernen mag.

Die Biike wird auf den Halligen traditionell am 21. Februar, dem Vorabend des Petritags, gefeiert. Dazu wird aus allem, was an Holz gesammelt wurde (z. B. geschnittene Büsche und gerne auch alte Weihnachtsbäume und Gestecke), ein großer Haufen aufgeschichtet und feierlich abgebrannt. Heidnischer Ursprung des Biikebrennens war die Vertreibung böser Geister zum Schutz der Saat. Später diente das Feuer der Verabschiedung und dem Geleit der Seemänner, die zu den großen Walfängen aufbrachen. Nach dem Abbrennen der Biike wird heute auf Hooge gemeinsam Grünkohl gegessen.

Den im Winter anfallenden Kuhmist sammelte man im sogenannten „Pottstall" oder „Mistpott". Ein gemauertes Loch von 4 x 4 Metern und über 2 Meter Tiefe in der Nähe der Ställe. Die Seiten waren mit Brettern versteift und der Boden war gemauert. Im Sommer spielten die Kinder dort immer. Jeder Hof hatte früher einen eigenen Pottstall. Wenn es gegen Ende des Winters keine Ditten mehr gab, wurden die Kinder raus auf die Fennen geschickt, um dort Scholen (getrockneter Kuh- und Schafmist) zu sammeln. Diese wurde als Ditten-Ersatz genutzt, waren aber viel dünner als die Ditten. Getrockneter Schafmist hatte einen höheren Heizwert.

Je länger der Winter dauerte, desto mehr freute man sich auf das Frühjahr und frische Lebensmittel. Denn langsam wurde auch die Butter ranzig, und da schmeckte auch der beste Kuchen nicht mehr…

Register der Winterrezepte

Rummelpott

Rummel, rummel, rutsche
Giv mi noch een Futtje
Givs mi een, so blief ick stahn
Givs mi twee, so will ick gahn
Givs mi dree, so wünsch ick Glück
Dat de Olsch mit de Futtjes
to'n Schosssteen rutflüggt!

Suppen:

BIERSUPPE MIT BROT

BEERSUPP MIT BROOT

2 l	*Dunkles Bier*		*Salz*
250 g	*Brot*	*1*	*Ei*
Etwas	*Zucker*		

Das Brot in Bier einweichen. Dann durch ein Sieb streichen und aufkochen. Das Ei mit dem Zucker verrühren und in die Biersuppe geben. Mit Zucker und Salz abschmecken.

BROTSUPPE

BROOTSUPP

200–250 g	*Schwarzbrotreste*	*1*	*Ei*
1 l	*Buttermilch*	*Etwas*	*Zucker*

Buttermilch unter Rühren zum Kochen bringen. Dann trockene Schwarzbrotbrösel dazugeben. Mit einem Eigelb (in etwas heißer Buttermilch vorsichtig angerührt) die Suppe legieren. Das Eiweiß mit etwas Zucker zu steifem Schnee schlagen, löffelweise auf die Suppe setzen und fünf Minuten bei geschlossenem Deckel ziehen lassen.

Lange Strümp un Pullovers

Wat wurrn de Kinner hüüt wull seggen, wenn se sülm strichde lange Strümp un Pullovers ut Schaapwull antrekken schulln. Se wurrn jammern! Dat nüdzde de Kinner fröher nich veel. Denn dat weer nix mit Inkoopen op't Fastland oder Bestellen in'e Katalog, dorto fehlte dat Geld un de Gelegenheit. Worum ok, Wull harr man vun de eegene Schaape noch. De muss denn blots noch wuschen, kämmt un spunnen warrn. De lange Strümp, de dor denn bi rutkämen, weern een Straaf. De weern so kratzig, dat man blots twee Möchlikeiten harr, dat to överstahn. De eene weer, man schoov de Hand twischen Been un Strümp, de annere, man leep breedbeenig as so'n ole Kaptein an Deck. Un denn noch dat Wassen, bumms weern de Strümp to kort un man leep mit de naakelde Böwerbeene dör de Gegend. Wie seeg dat ut!

ERBSENSUPPE MIT „SCHNAUZEN UND PFOTEN"

ARFENSUPP MIT SNUTEN UND POOTEN

500 g	*Erbsen*	*250 g*	*Geräucherter Speck*
500 g	*Schweineschnauze und dünnes Eisbein*	*1 Stange*	*Porree*
		1	*Karotte*
1 Stück	*Sellerie*		

Die Erbsen über Nacht einweichen. Das Fleisch mit dem Gemüse und dem geräucherten Speck so lange kochen, bis alles gar ist. Dazu schmecken SALZKARTOFFELN (siehe Grundrezepte).

GRÜNKOHLSUPPE

GRÖNKOHLSUPP (LÖBBELKOHL)

1 tiefer Teller	*Durchgedrehter Grünkohl*	*500 g*	*Kassler Bauch*
			Wasser
1½ Tassen	*Haferflocken*		*Pfeffer*
½	*Geräucherte Schweinebacke*		*Salz*

Den durch den Fleischwolf gedrehten Grünkohl (gibt es heute auf dem Wochenmarkt fertig zu kaufen) mit der Schweinebacke und dem Kassler Bauch im Wasser circa 1½ Stunden kochen. In der letzten halben Stunde die Haferflocken oder alternativ eine Tasse Gerstengrütze dazugeben und mehrmals umrühren. Zum Schluss abschmecken.

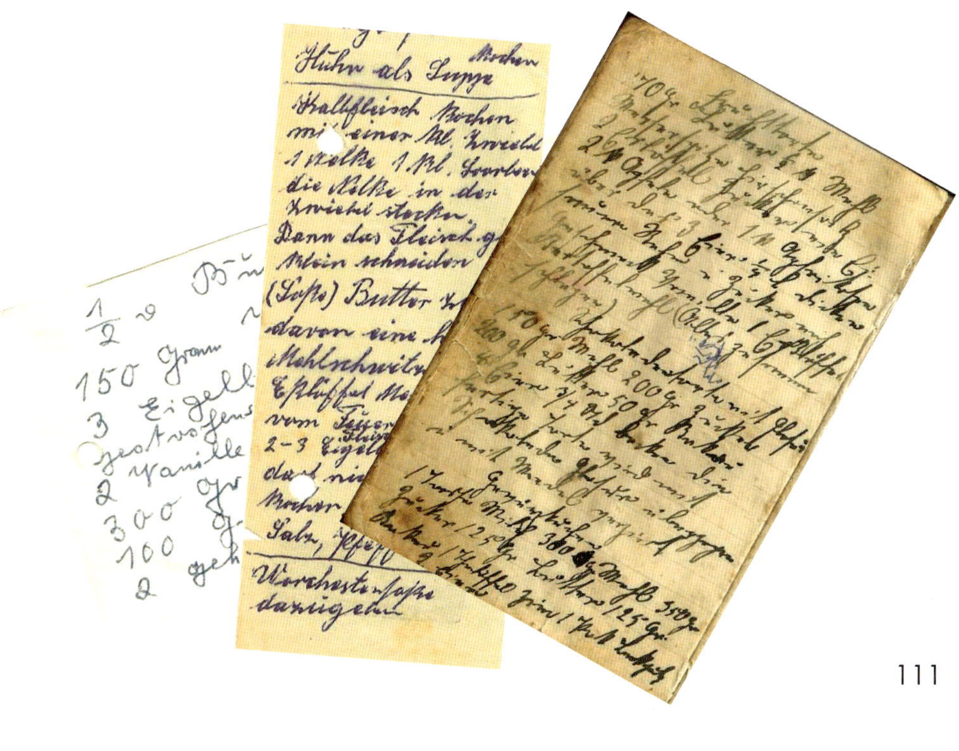

Gemüse:

GESTOBTER WEISSKOHL

STOVTE WITTKOHL

1	*Kleiner Weißkohl*	1 EL	*Mehl*
1/2 Becher	*Sahne*		*Salz*
1/4 l	*Milch*		*Pfeffer*
	Geriebene Muskatnuss		*Wasser*

Den fein geschnittenen Weißkohl in Wasser garen. Mit Salz, Pfeffer und geriebener Muskatnuss würzen. Mehl mit Sahne und Milch verrühren, das Kohlgemüse damit etwas andicken und noch einmal kurz aufkochen lassen.

Deftiges:

De Winter weer de Tied, wo man sik to Gastebott dreep. Buten weer nich veel to dohn, dat weer kolt un fröh düster, Baadegäste weern ok nich dor, so as hüüt, un so harr man Tied tosaamen to kaamen. Dat gähn Reegum mit inlaaden. Toeerst gäv dat denn wat to Äten, meestens Frikedillen un stovte Kartüffeln, denn speelten de Mannslüüd 66 oder Skaat, de Fruuns snödderden un maakten Handarbeit. To drinken gäv dat Punsch oder Grog un nich selten wurr dat denn ok tämli luut un vergnögt. So um un bi Klock twölf gäv dat denn noch Kaffe un Kooken. Dornoh schulln se denn tohuus. Man de een oder annere, viellich ok een bäten duun, gähn to de Vörderdöör rut un käm to de Achterdör wedder rin. Kunn je wähn, dat dat doch noch een oder twee Punsch oder Grog geben dä. Versööken kunn man dat je!

METTWURST

METTWUST

$1^1/_2$ kg	*Frisches Schweinefleisch*	*Pfeffer*
	Salz	*Piment*
		Kunstdärme

Frisches Schweinefleisch durch den Fleischwolf drehen, mit Salz, Pfeffer und Piment würzen und abschmecken. Diese Masse in Kunstdärme füllen und in den Rauch hängen.

ZUNGENWURST

TUNGENWUST

250 g	*Speckwürfel*	*1*	*Schweinezunge*
500 g	*Schweinehack*		*Brühe*
1 Gereinigter	*Schweinemagen*	*1 EL*	*Salz*
100 g	*Fette Speckscheiben*	*1 TL*	*Pfeffer*

Grobe Speckwürfel und Schweinehack mit Salz und Pfeffer würzen, gut miteinander vermischen und ¾ eines gereinigten Schweinemagens damit füllen. Die Zunge vom Schwein in mit Salz und Pfeffer gewürzter Brühe gar kochen, dann die Haut abziehen. Die Zunge mit dünnen, fetten Speckscheiben umwickeln und in das Hack des Schweinemagens drücken. Diesen dann zunähen, mit einer Nadel einstechen (damit er nicht platzt) und in Brühe langsam gar köcheln lassen. Abtrocknen und in den Schornstein des Ofens zum Räuchern hängen. Wer Lust hat, dieses Rezept auszuprobieren, kann die Wurst auch im Weckglas einkochen.

SCHWEINE- UND RINDERBRATEN

SWIENS- UN RINNERBROD

500 g	*Schweinebraten*	*2*	*Zwiebeln*
500 g	*Rinderbraten*		*Nelken*
½ l	*Wasser*		*Salz*
Etwas	*Stärkemehl*		*Pfeffer*
Etwas	*Fett*		

Das Fleisch rundum mit Salz und Pfeffer einreiben und in Fett schön braun anbraten. Dann vier Zwiebelhälften mit je einer Nelke spicken und dazugeben. Mit ½ Liter kochendem Wasser ablöschen und im geschlossen Bratentopf circa eine Stunde schmoren lassen. Etwas Mehl oder Stärkemehl in kaltem Wasser anrühren, vorsichtig in die Soße geben und noch einmal aufkochen.

SAUERBRATEN

SUERBROD

500 g	*Rinderschulter*	*Essig-Sud*
Nach Bedarf	*Talg*	*Pfeffer*
2	*Lorbeerblätter*	*Salz*

Nach dem Schlachten werden 500 g aus der Rinderschulter genommen und in zwei Litern ESSIG-SUD (siehe Grundrezepte) mit Salz, Pfeffer und Lorbeerblättern eine ¾ Stunde gekocht. Dann das Fleisch mit dem ESSIG-SUD in eine Schüssel oder, wenn vorhanden, in einen Steintopf füllen. Nach dem Abkühlen das Fleisch mit Talg abdecken. Hierzu lässt man den

Talg in einem Topf heiß werden und gießt ihn über den Sauerbraten. So ist auf dieser vier bis fünf Monate haltbar. Zum Gebrauch wird das Fleisch portionsweise aus dem Topf genommen und im Stück in Fett angebraten. Das restliche Fleisch wieder mit flüssigem Talg abdecken. Für die Soße den Bratensud mit wenig Wasser zur Soße auffüllen und abschmecken.

GRÜNKOHL

GRÖNKOHL

1 ½ kg	*Grünkohl*	*1*	*Zwiebel*
500 g	*Kassler*	*1 l*	*Wasser*
1	*Kleine Schweinebacke*		*Salz*
4	*Kochwürste*		*Pfeffer*
200 g	*Schmalz*		

Den Grünkohl von den Stielen abstreifen, gründlich waschen und klein schneiden. Die zerteilte Zwiebel im Schmalz anrösten und den Grünkohl, mit einem Liter Wasser, Kassler-Fleisch, Schweinebacke und Kochwürsten ein bis ein ½ Stunden leicht kochen. Mit Salz und Pfeffer abschmecken. Fleisch in dünne Scheiben schneiden, die Würste im Ganzen auf dem Kohl anrichten. Dazu KARAMELLISIERTE KARTOFFELN (siehe Grundrezepte) reichen

Grünkohl mit Kassler, Kochwurst und Bratkartoffeln

Mike in Tracht circa 1936

SAUERFLEISCH

SUERFLEESCH

2 kg	*Dicke Schweinerippen*	*3*	*Lorbeerblätter*
4	*Nelken*		*Essig-Sud*
1	*Zwiebel*		*Pfefferkörner*

Die dicken Schweinerippen in einem großen Kochtopf in ESSIG-SUD (siehe Grundrezepte) mit Lorbeerblättern, Pfeffer, Nelken und Zwiebeln kochen. Wenn sich das Fleisch leicht von den Knochen löst, abkühlen lassen. In Gläser abgefüllt und luftdicht verschlossen ist das Fleisch so monatelang haltbar. Dazu schmecken BRATKARTOFFELN (siehe Grundrezepte).

GEBRATENER SCHINKEN

BRODE SCHINK

6–8 Scheiben	*Schinken*	*Warmes*	*Wasser*
4 EL	*Mehl*	*Etwas*	*Fett*
2	*Eier*		

Die nicht zu dünn geschnittenen Schinkenscheiben zum Entsalzen ein bis zwei Stunden in warmes Wasser legen. Dann in Mehl wenden und durch die geschlagenen Eier ziehen. In der Pfanne von beiden Seiten schön braun braten.

HOCHZEITSSCHINKEN

BACKTE SCHINK

9 kg	*Grüner Schinken (am Stück)*		*Pfeffer*
			Salz
1 Handvoll	*Nelken*		

Den frischen Schinken mit Salz und Pfeffer einreiben und zehn bis zwölf Stunden bei 150 Grad im Backofen backen. Dann auf den Servierteller legen und zur Dekoration aus Nelken ein Herz in die Schwarte stecken. Den Beinknochen mit einer weißen Papiermanschette und einer roten Schleife schmücken. Bei Hochzeiten kam früher der fertige Schinken am Stück auf den Tisch. Tradition war es, dass das Hochzeitspaar den Schinken anschneiden und an die Gäste verteilen musste. Dazu gab es gestobte Bohnen, Rotkohl und Salzkartoffeln.

WEISSKOHL

WITTKOHL

1 Kleiner	Kopf Weißkohl	½ l	Wasser
1 Stück	Kassler oder Geräucherter Bauch		Pfeffer
			Salz
4 EL	Fett	2 TL	Gemahlener Kümmel
2 Große	Zwiebeln		

Den von welken Blättern befreiten Kohlkopf in vier Teile schneiden, waschen, in feine Streifen schneiden (hobeln) und in ein bis zwei Esslöffeln Fett andünsten.
Das Wasser zugießen und zusammen mit dem Fleisch auf kleiner Flamme garen. Inzwischen die Zwiebeln klein schneiden und im restlichen Schmalz goldbraun braten.
Den Weißkohl mit Salz, Pfeffer und Kümmel abschmecken, in eine Schüssel füllen und die gebratenen Zwiebeln darübergeben. Zusammen mit den Fleischscheiben servieren.

WEISSKOHLPUDDING

WITTKOHLPUDDING

1 Kleiner Kopf	Weißkohl	500 g	Hackfleisch
Nach Bedarf	Wasser	6 Scheiben	Speck
1 EL	Salz		

Den Weißkohl klein schneiden und in Wasser mit etwas Salz vorkochen. Schichtweise mit gewürztem Hackfleisch in eine mit Scheiben von durchwachsenem Speck ausgelegte Puddingform füllen. Mindestens eine Stunde im Wasserbad kochen. Soße nach Geschmack mit der Flüssigkeit aus der Puddingform herstellen.

Nich as bi Modder

Herrmann Diedrichsen, een Halligjung, weer verheirodet mit Gertrud, se käm vun'e faste Wall. Herrmann weer Jäger. Dat weern se meist all, denn an'e Anfang vun't 20. Johrhunnert weer de Jagd op de Hallig frie un man kunn sik so mit de eene oder annere Oont de nich so riekliche Mahltieden ganz schön opbeddern.
Dat weer all ganz gut un schön, awers Gertrud kreeg dat mit de Oontenbroot nie so hen, as wat Herrmann dat wull. Dor käm ümmer de sülvige Lex: „Nich as bi Modder."
Se wusst sik keen Raat mehr. Denn mallörde dat, de Oont weer een bäten verbrennt. Un Herrmann? He weer allerbest tofreeden un sä: „Jo, nu is dat as bi Modder!"

Fisch:

ROLLMOPS

HERING IN SUER

4	Salzheringe	2 EL	Mehl
3	Hart gekochte Eier	1–2 Tassen	Wasser
1 Kleine	Zwiebel	2 EL	Essig
1 TL	Senf	1 EL	Zucker
2 EL	Butter		Salz, Pfeffer

Heringe über Nacht ausfrischen (wässern), von Kopf, Haut und Gräten befreien. Hart gekochtes Eiweiß und Zwiebel fein würfeln. Mit Salz, Pfeffer und Senf vermischen und die Heringsfilets damit bestreichen. Zusammenrollen und mit einem dünnen Holzstiel (z. B. Zahnstocher) feststecken. Butter in einem Topf bräunen, Mehl untermischen und mit kaltem Wasser glatt rühren, bis die Soße dick ist. In eine Schüssel umfüllen und mit Salz, Pfeffer, Senf, Essig und Zucker würzen. Zum Schluss die fein gewiegten Eigelb und Zwiebeln dazugeben und die Rollmöpse in die Soße legen. Einen Tag ziehen lassen. Dazu schmecken PELLKARTOFFELN (siehe Grundrezepte).

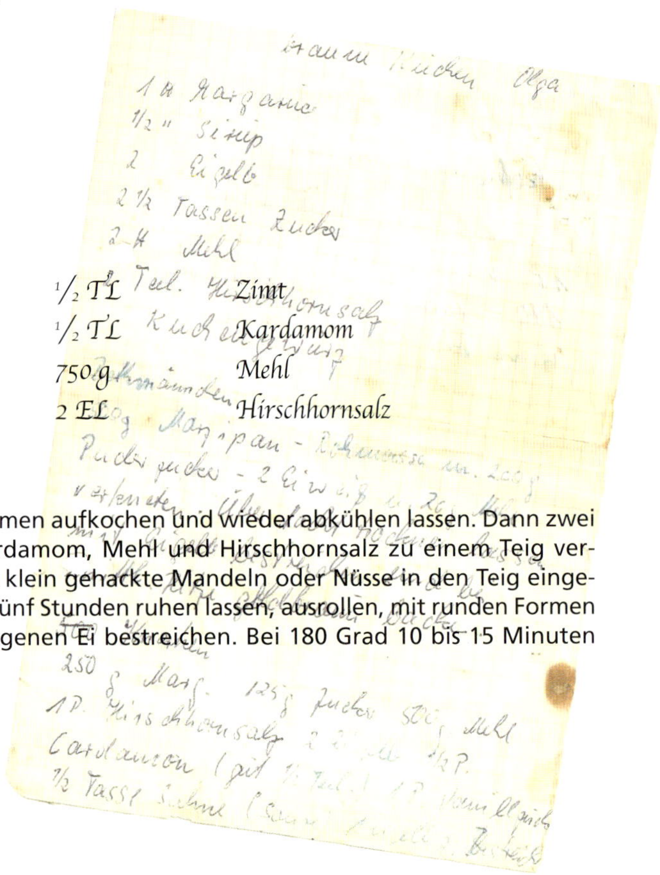
Braune Kuchen Olga
1/2 " Sirup
2 Eigelb
2 1/2 Tassen Zucker

Süßes:

BRAUNE KUCHEN (KEKSE)

BRUNE KOOKEN

250 g	Sirup	1/2 TL	Zimt
250 g	Butter	1/2 TL	Kardamom
250 g	Zucker	750 g	Mehl
3	Eier	2 EL	Hirschhornsalz
1 Schuss	Bittermandelöl		

Sirup, Margarine und Zucker zusammen aufkochen und wieder abkühlen lassen. Dann zwei Eier, das Bittermandelöl, Zimt, Kardamom, Mehl und Hirschhornsalz zu einem Teig verarbeiten. (Zu Weihnachten können klein gehackte Mandeln oder Nüsse in den Teig eingearbeitet werden.) Den Teig vier bis fünf Stunden ruhen lassen, ausrollen, mit runden Formen ausstechen und mit einem geschlagenen Ei bestreichen. Bei 180 Grad 10 bis 15 Minuten backen.

BRAUNER BLECHKUCHEN

BRUNE PLAATENKOOKEN

1 Tasse	Brauner Sirup	1 TL	Backpulver
2	Eier	1 TL	Hirschhornsalz
1 Tasse	Zucker	125 g	Butter
4 Tassen	Mehl	1 Päckchen	Braunes Kuchengewürz
1/2 Tasse	Milch	1 Päckchen	Puderzucker
2–3 EL	Wasser		

Den Sirup, die Eier und den Zucker gut schaumig rühren und mit Mehl, Milch, Backpulver, Hirschhornsalz und der Butter gut vermischen (schlagen). Zuletzt das braune Kuchengewürz unterrühren. Auf ein Kuchenblech streichen und auf zweiter Schiene von unten bei 180 Grad 45 Minuten backen. Puderzucker mit Wasser streichfähig rühren und den abgekühlten Blechkuchen damit bestreichen.

GEFÜLLTER SCHOKOLADENKUCHEN

FÜLLTE SCHOKOLAADENKOOKEN

250 g	Zucker	250 g	Mehl
4	Eigelb	1 EL	Natron
125 g	Geriebene Schokolade	125 g	Butter

Butter schaumig schlagen und nach und nach Zucker, Eigelb, geriebene Schokolade und Mehl mit Natron gemischt unterrühren. In einer länglichen Form 30–45 Minuten backen.

FÜLLUNG:

150 g	Butter	3	Eier
125 g	Zucker	1 Tüte	Vanillezucker

Alle Zutaten lange und kräftig miteinander verschlagen und den erkalteten Schokoladenkuchen damit füllen.

NUSSTORTE

NÖTTTORT

6	Eier	1 TL	Backpulver
200 g	Zucker	200 g	Gemahlene Haselnüsse
100 g	Mehl		

Eigelb mit Zucker schaumig schlagen, dann Mehl, Backpulver und Haselnüsse unterrühren. Zuletzt den steif geschlagenen Eischnee unterheben. 30 bis 40 Minuten bei 150 Grad backen. Am nächsten Tag mit geschlagener Sahne füllen und mit Haselnüssen dekorieren.

Magda Diedrichsen 1921

APFEL-BLECHKUCHEN

APPEL-PLAATENKOOKEN

1 Tasse	*Sahne*	*1 Päckchen*	*Backpulver*
2 Tassen	*Zucker*	*1 Päckchen*	*Vanillezucker*
2 Tassen	*Mehl*	*2 Tassen*	*Apfelstücke*
4	*Eier*		

Alle Zutaten gut miteinander vermischen, auf ein Backblech streichen und 30 Minuten bei 180 Grad backen.

BELAG:

125 g	*Butter*	*1 Tüte*	*Vanillezucker*
1/2 Tasse	*Zucker*	*200 g*	*Gehackte Mandeln*
4 EL	*Milch*		

Alle Zutaten miteinander verrühren und auf den Kuchen streichen. Weitere 10 bis 15 Minuten backen, bis die Mandeln braun werden.

GEDECKTE APFELTORTE

DECKTE APPELTORT

300 g	*Mehl*	*1*	*Eiweiß*
2 gestrichene TL	*Backpulver*	*1 EL*	*Milch*
100 g	*Zucker*	*150 g*	*Butter*
1 Päckchen	*Vanillezucker*		

Alle Zutaten miteinander verkneten. Knapp die Hälfte des Teigs auf dem Boden einer Springform ausrollen, den Teig mit einer Gabel einstechen und 10 bis 15 Minuten hellgelb backen.

BELAG:

1 kg	*Äpfel*	*1*	*Eigelb*
2 EL	*Zucker*	*1 EL*	*Milch*
2 EL	*Wasser*	*50 g*	*Rosinen*
1 TL	*Zimt*		

Für den Belag werden die Äpfel geschält, vom Kerngehäuse befreit, in Stücke geschnitten und mit Zucker, Zimt, Wasser und gewaschenen Rosinen leicht gedünstet. Danach legt man auf den abgekühlten Boden einen Teigstreifen als Rand, streicht den Belag auf den Boden und bedeckt ihn mit einer Teigplatte, die man mit dem mit Milch verquirlten Eigelb bestreicht und mit einem Backrädchen leicht einrädert. Backzeit: 20–30 Minuten bei guter Mittelhitze.

APFELGRÜTZE
APPELGRÜTT

500 g	*Äpfel*	*¾ l*	*Weißwein*
¾ l	*Wasser*	*1*	*Zitrone*
500 g	*Zucker*	*3 Blatt*	*Gelatine (halb rot, halb weiß)*

Die Äpfel klein schneiden, mit Wasser und Zucker aufkochen und in eine Schüssel umfüllen. Etwas vom Saft zurücklassen und darin ein 1½ Blatt rote und ein 1½ Blatt weiße Gelatine auflösen. Weißwein und den Saft einer Zitrone erwärmen und vorsichtig mit Gelatine und den Apfelstückchen mischen.

APFELREIS
APPELRIES

3 Tassen	*Wasser*	*30 g*	*Butter*
100 g	*Zucker*	*500 g*	*Äpfel*
1	*Zitrone*	*1*	*Zimtstange*
1½ Tassen	*Reis*		

Das Wasser mit etwas Butter, Zucker, einer Zimtstange und Zitronenschale zum Kochen bringen und den Reis, die geschälten, vom Kerngehäuse befreiten und in Scheiben geschnittenen Äpfel und 50 Gramm Zucker hinzugeben. Das Ganze quellen lassen, bis der gewunschte Gargrad erreicht ist.

ARME RITTER
ARME RIDDER

8	*Brötchen oder Weißbrotscheiben*	*5 EL*	*Semmelbrösel*
		1 TL	*Geriebene Zitronenschale*
2	*Eier*	*Etwas*	*Fett*
1 EL	*Zucker*		*Zimt*
1 Prise	*Salz*	*1 l*	*Milch*

Die Brötchen in Scheiben schneiden bzw. Weißbrotscheiben in eine flache Schüssel legen. Eier, Milch, Zucker, Salz und geriebene Zitronenschale mit dem Schneebesen gut miteinander verschlagen und über die Scheiben gießen. Mehrmals wenden. Dann mit Semmelbröseln panieren und von beiden Seiten goldbraun braten. Mit Obst der Jahreszeit servieren.

Een Versehen

Mit de Kellers in'e Halligħüüser weer nich so veel Staat to maaken. Se weern leeg, klamm un düüster. Watt'n Wunner, dat Ingeborg, wat Dietrich Diedrichsen sien Fruu weer, eenes goden Dags mit son Gejuch ropp noh ehr Mann kümmt un seggt: „Kumm gau, dor nerden is een Ilk." Dietrich holt de Flint vun de Wand un nix as daal in'e Keller. Dor, warraftig, grön un prickelig sitt dat in'e Eck. He leggt an un schütt. Puh, allns stüfft uteneen. Awer nix vun Ilk! Dat weer man de Rest vun de Mehlbüddel, de se vergäten harrn un de nu tämli unschön vör sik hen schimmelde. O hauehaueha!

KRUMME JUNGS

BAGGELS

2	Eier	1 Päckchen	Backpulver
4 EL	Sahne	Nach Bedarf	Mehl
4 EL	Zucker	Nach Bedarf	Fett

Eier, Sahne, Zucker und Backpulver mischen und so viel Mehl zufügen, bis ein geschmeidiger Teig entsteht. Diesen ausrollen und mit einem Backrädchen in etwa acht Zentimeter breite Rechtecke schneiden. In jede Mitte einen Schlitz schneiden und eine Ecke durchziehen. Dann in heißem Fett schwimmend goldbraun (nicht zu dunkel) backen.

HAFERFLOCKENPLÄTZCHEN

HAVERFLOCKENKEKS

500 g	Kernige Haferflocken	3	Eier
250 g	Butter	1 TL	Backpulver
200 g	Zucker	3 EL	Mehl
1 Päckchen	Vanillezucker		

Die kernigen Haferflocken in die kochende Butter gründlich einrühren. Dann erkalten lassen. Inzwischen Zucker, Vanillezucker und Eier schaumig schlagen und zusammen mit dem Backpulver-Mehl-Gemisch unter die Haferflocken rühren. Mit einem Teelöffel kleine, flache Plätzchen auf ein gefettetes Backblech setzen. Bei 180 Grad auf der mittleren Einschubleiste etwa 15 Minuten backen.

ISRAELITEN

ISRAELITEN

500 g	*Mehl*	*4*	*Eier*
250 g	*Butter*	*250 g*	*Zucker*
Nach Bedarf	*Gehackte Mandeln*		

Mehl, Butter, drei Eigelb und ein ganzes Ei kräftig verkneten und eine Stunde kühl stellen. Dann den Teig dünn ausrollen und mit einem Glas ausstechen. Drei Eiweiß mit Zucker zu steifem Eischnee schlagen. Davon mit einem Teelöffel Häufchen auf die Kekse setzen und mit gehackten Mandeln bestreuen. Bei 160 Grad 20–25 Minuten goldbraun backen.

BETHMÄNNCHEN

BETHMÄNNCHEN

200 g	*Marzipanrohmasse*	*100 g*	*Geschälte Mandeln*
150 g	*Puderzucker*		

Den Puderzucker mit der Marzipanrohmasse zu einer homogenen Masse vermischen und evtl. etwas Wasser zufügen. Daraus kleine walnussgroße Kugeln formen, die nach oben mit drei halben Mandeln spitz zusammengedrückt werden. Über Nacht an einem warmen Ort trocknen lassen. Am nächsten Tag bei 180 Grad goldgelb backen und nach Geschmack mit dünnem Zuckerguss bestreichen.

WEIHNACHTSGEBÄCK

KINKENTÜCH

1/8 l	*Wasser*	*50 g*	*Butter*
300 g	*Zucker*	*500 g*	*Mehl*
50 g	*Rosenwasser*	*1/2 EL*	*Hirschhornsalz*

Wasser und Zucker zusammen aufkochen. Butter auslassen und dann alles mit Rosenwasser, Mehl und dem Hirschhornsalz vermischen. Am nächsten Tag mit Formen Figuren ausstechen und bei starker Hitze hell backen. Nach dem Abkühlen kann das Kinkentüch mit Rote-Bete-Saft bemalt werden.

KLÜTJENS I

KLÜTJENS (PUNKERS) I

250 g	Sirup	1 TL	Pottasche
125 g	Zucker	Etwas	Anis
125 g	Rinderfett	1 kg	Gerstenmehl

Sirup, Zucker und Butter zusammen aufkochen, dann abkühlen. Nun mit dem Rest der Zutaten verkneten. Den Teig lässt man mindestens eine Stunde ruhen und formt ihn dann nach und nach zu fingerdicken Rollen. Diese werden in einen Zentimeter dicke Scheiben geschnitten und auf ein Blech gelegt. Bei 200 Grad zehn Minuten backen, dann sofort vom Blech nehmen.

KLÜTJENS II

KLÜTJENS (PUNKERS) II

500 g	Sirup	1 TL	Natron
300 g	Brauner Zucker	1 kg	Mehl
2 TL	Anis	½ TL	Hirschhornsalz
250 g	Butter	200 g	Gehackte Mandeln
½ Tasse	Bohnenkaffee	1 TL	Gemahlene Nelken
2 TL	Zimt		

Sirup (die Hälfte kann auch durch Honig ersetzt werden), Zucker und Butter zusammen aufkochen, dann abkühlen. Nun die Mandeln (alternativ können auch Nüsse genommen werden), Anis, Nelken, Zimt, Natron, Kaffee und Mehl kräftig miteinander verkneten. Den Teig lässt man mindestens eine Stunde ruhen und formt ihn dann nach und nach in fingerdicke Rollen. Diese werden dann in ein Zentimeter dicke Scheiben geschnitten und auf ein Blech gelegt. Bei 200 Grad zehn Minuten backen, dann sofort vom Blech nehmen.

MANGELKUCHEN

MANGELKOOKEN

3	Eier	250 g	Mehl
3 EL	Zucker	Nach Bedarf	Schweineschmalz
3 EL	Sahne		

Eier mit Zucker und Sahne kräftig schlagen und so viel Mehl unterarbeiten, dass ein geschmeidiger Teig zum Ausrollen entsteht. Mit dem Nudelholz sehr dünne Vierecke ausrollen, dann in der Mitte leicht einschneiden und in einer Pfanne in heißem Fett schwimmend hell ausbacken. Heute kann man sich das Ausrollen vereinfachen, wenn man den Teig durch die Nudelmaschine dreht: erst Einstellung 2, dann 4 und zuletzt auf 6.

NUSSPLÄTZCHEN
NÖTTKEKS

250 g	*Zucker*	*2*	*Eier*
250 g	*Butter*	*375 g*	*Mehl*
250 g	*Gemahlene Haselnüsse*	*½ Päckchen*	*Backpulver*

Alle Zutaten miteinander verrühren. Den Teig ausrollen, Formen ausstechen und auf ein Backblech setzen. Bei 150 Grad 15 Minuten backen.

NUSSBROT
NÖTTBROOT

150 g	*Zucker*	*150 g*	*Ganze Haselnüsse*
2	*Eier*	*200 g*	*Mehl*

Alle Zutaten zu einem Teig kneten und in eine Brotform füllen. 20–30 Minuten backen, über Nacht in ein feuchtes Leinentuch wickeln und am nächsten Tag in dünne Scheiben schneiden. Im Backofen bei geringer Hitze nachtrocknen.

NUSSSTANGEN I
NÖTTSTANGEN I

125 g	*Butter*	*125 g*	*Nüsse*
125 g	*Zucker*	*2*	*Eigelb*
150 g	*Mehl*		

Alle Zutaten zu einem Kloß verkneten. Dann kleine fingerdicke Rollen formen, fünf Zentimeter lange Stücke abschneiden und auf ein Backblech legen. Mit Eigelb bestreichen und bei 180 Grad 15 Minuten backen.

NUSSSTANGEN II
NÖTTSTANGEN II

200 g	*Margarine*	*200 g*	*Gemahlene Haselnüsse*
100 g	*Zucker*	*1*	*Bittermandelöl*
200 g	*Mehl*	*1 EL*	*Sahne*

Alle Zutaten zu einem Kloß verkneten und eine Stunde im Kühlschrank ruhen lassen. Dann in kleine fingerdicke Rollen formen, fünf Zentimeter lange Stücke abschneiden und auf ein Backblech legen. Mit Sahne bestreichen und bei 180 Grad 15 Minuten backen.

Weihnachtsgebäck

Mangelkuchen

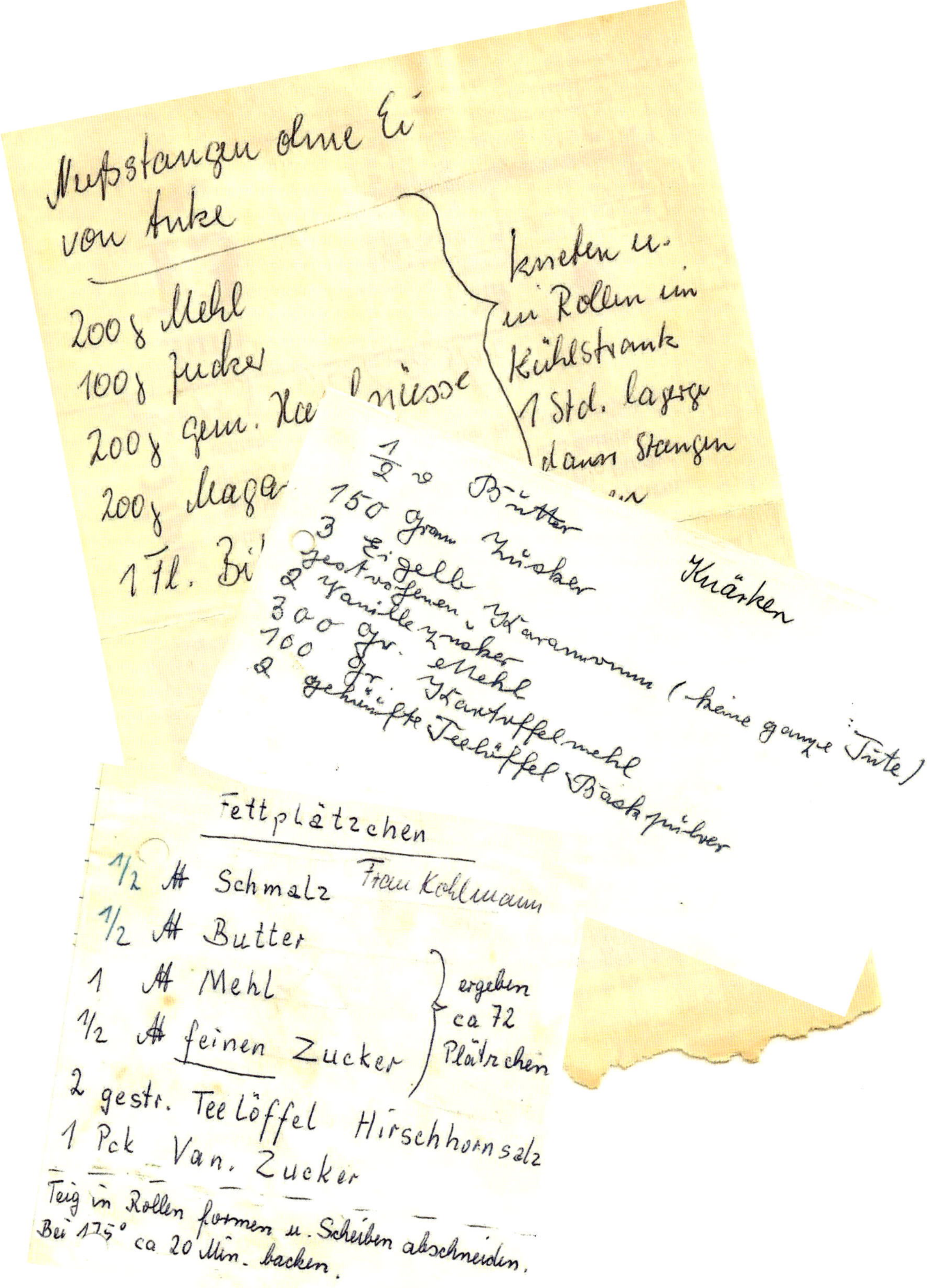
Nußstangen ohne Ei
von Anke

200 g Mehl
100 g Zucker
200 g gem. Haselnüsse
200 g Marga[illegible]
1 Fl. Bi[illegible]

kneten u. in Rollen im Kühlschrank 1 Std. lagern dann Stangen [illegible]

Knärken

1/2 ℔ Butter
150 Gramm Zucker
3 Eigelb
gestoßenen Kardamom (keine ganze Tüte)
2 Vanillezucker
300 Gr. Mehl
100 Gr. Kartoffelmehl
2 gehäufte Teelöffel Backpulver

Fettplätzchen

Frau Kohlmann

1/2 ℔ Schmalz
1/2 ℔ Butter
1 ℔ Mehl
1/2 ℔ feinen Zucker
(ergeben ca 72 Plätzchen)
2 gestr. TeeLöffel Hirschhornsalz
1 Pck Van. Zucker

Teig in Rollen formen u. Scheiben abschneiden.
Bei 175° ca 20 Min. backen.

RÜHRKUCHEN MIT ROSINEN
PUFFER

250 g	*Butter*	*1 Päckchen*	*Vanillezucker*
200 g	*Feiner Zucker*	*1 TL*	*Geriebene Zitronenschale*
4	*Eier*	*1 Päckchen*	*Backpulver*
500 g	*Mehl*		*Milch*
½ Tasse	*Rosinen*	*1 EL*	*Schokoladenstückchen*
½ Tasse	*Gehackte Mandeln*		

Butter und Zucker rühren, bis sie weißschaumig sind. Nach und nach einzeln die Eier und die geriebene Zitronenschale unterrühren. Mehl mit Backpulver mischen und abwechselnd mit der Milch einarbeiten. Nur so viel Milch hinzufügen, dass der Teig schwer reißend vom Löffel hängt. Nun die gewünschten weiteren Zutaten untermischen. (Wahlweise können Rosinen, klein gehackte Mandeln, Schokoladenstückchen oder auch Apfelstückchen oder kandierte Früchte zugegeben werden.) Den Teig in eine gefettete Kastenform einfüllen und bei 160 Grad eine gute Stunde backen. Garprobe machen.

SCHMALZNÜSSE
FETTPEPPERNÖTT (BRUN UN WITT)

250 g	*Schmalz*	*625 g*	*Mehl*
125 g	*Butter*	*1 TL*	*Hirschhornsalz*
500 g	*Zucker*	*1 EL*	*Kakao*

Schmalz, Butter, Zucker, Mehl und Hirschhornsalz verkneten. Zur Hälfte des fertigen Teigs den Kakao zugeben und zu walnussgroßen Kugeln formen. Backzeit: 30–40 Minuten bei circa 150 Grad.

KNERKEN
KNÄRKEN

250 g	*Butter*	*300 g*	*Mehl*
150 g	*Zucker*	*100 g*	*Kartoffelmehl*
3	*Eigelb*	*½ TL*	*Kardamom*
2 Päckchen	*Vanillezucker*	*2 gehäufte TL*	*Backpulver*

Alle Zutaten gut verkneten. Den Teig zu einer circa drei Zentimeter dicken Rolle formen und in einen Zentimeter dicke Scheiben schneiden. Auf ein Backblech legen und mit Eigelb bestreichen. Im vorgeheizten Backofen goldbraun backen.

Knärken smecken överall anners

Lütt Heiner schull döfft warrn. För de Dööp, de dormols noch in't Huus weer, wurr nu kokt un backt, dat ganze Huus weer in Opregung. Un bi dat Spillwark verwesselte Edith, Heiners Modder, de Kruuthtuuten un dä Pepper statt Kardamum in de Knärkendeeg. Se markte dat awers eerst, as allns ferdig backt weer un de Kraam prövt wurr. Een Mallör, dat sik nich mehr ännern leet, un so beslooden Edith un Anni Hebamm, disse besunnere Knärken tosaam mit de anner lütte Kooken antobeeden. Se wurrn je wieswarrn, wat dorbi rutkäm. Noh de Dööp, so hörte sik dat, wurrn de Paster un sien Fruu to Kaffe inlaadt. Paster Nast un sien Fruu kämen denn ok. Fruu Paster weer een bäten etepetete, wat je nix maakt, awer de beiden Fruuns, Anni Hebamm un Edith, weern doch neeschierig, wat se denn to de „Pepperknärken" seggen wurr. Wat schull se wull seggen, se keek een bäten verbiestert, awers denn: „Die sind ja wunderbar! Ich staune immer wieder, Knerken schmecken in jedem Haus anders." Wat'n Wunner! Anni Hebamm un Edith kunn'n sik dat Grienen nich verkniepen.

ZUCKERKNERKEN
SUKKERKNÄRKEN

500 g	*Mehl*	*125 g*	*Schmalz*
375 g	*Zucker*	*1 TL*	*Hirschhornsalz*
125 g	*Margarine oder Butter*		

Alle Zutaten miteinander zu einem geschmeidigen Teig verkneten, kleine Kugeln formen und auf ein Backblech setzen. Bei 180 Grad 10–15 Minuten backen.

FETTGEBÄCK
SMEERNÖTT

3	*Eier*	*500 g*	*Mehl*
1 Becher	*Saure Sahne*	*1 Päckchen*	*Backpulver*
1 Tasse	*Zucker*		

Alle Zutaten miteinander verrühren, kleine Kugeln formen und in heißem Fett schwimmend goldbraun backen.

FUTTJES I

FUTTJES I

1 l	Milch	2 Tassen	Grieß
8	Eier	1 Würfel	Hefe
Etwas	Fett zum Ausbacken	1 Tasse	Rosinen

Den Grieß in die kochende Milch einrühren. So lange kräftig rühren, bis sich der Brei vom Topfboden löst. Etwas abkühlen lassen und nach und nach die Eier, die Hefe und Rosinen untermischen. Etwa eine ½ Stunde zugedeckt gehen lassen. Mit einem Esslöffel Kugeln abstechen und in heißem Fett schwimmend von beiden Seiten goldbraun ausbacken.

FUTTJES II

FUTTJES II

375 g	Mehl	1½ TL	Natron
125 g	Zucker	500 g	Quark
4	Eier		

Alle Zutaten miteinander verrühren. Mit einem Esslöffel Kugeln abstechen und in heißem Fett schwimmend von beiden Seiten goldbraun backen. Den ersten Probe-Futtje mit zwei Gabeln auseinanderreißen und prüfen, ob er innen gar ist.

Futtjes in heißem Fett schwimmend

Fettgebackenes

Futtjes

SPRITZGEBÄCK

S-KEKS

200 g	*Butter*	*3*	*Eigelb*
100 g	*Puderzucker*	*1 EL*	*Zitronensaft*
2 Päckchen	*Vanillezucker*	*300 g*	*Mehl*

Alle Zutaten gründlich kneten. Den Teig durch eine Spritztüte zu S-Formen auf ein Backblech drücken. Bei 180 Grad 10–15 Minuten goldbraun backen.

SPEKULATIUS

SPEKULATIUS

250 g	*Zucker*	*2*	*Eier*
250 g	*Butter*	*1 Päckchen*	*Backpulver*
2 Päckchen	*Vanillezucker*	*500 g*	*Mehl*
1 EL	*Zimt*		

Zucker, Butter und Zimt schaumig rühren. Die restlichen Zutaten dazumischen und verkneten. Den Teig ausrollen und mit Förmchen ausstechen. Bei 180 Grad 15 Minuten backen.

MARZIPAN

MARZIPAN

200 g	*Mandeln*	*170 g*	*Puderzucker*
1–2 Tropfen	*Bittermandelöl*	*1–2 EL*	*Rosenwasser, in der Apotheke erhältlich*

Die Mandeln mit kochendem Wasser übergießen und die Haut abziehen. Wichtig: Mandeln, egal ob mit oder ohne Schale, sehr fein mahlen. Dann alle Zutaten zusammenkneten, zu einer Rolle formen und einige Stunden ruhen lassen. Das Marzipan kann nun zum Beispiel zu haselnussgroßen Kugeln oder anderen Formen verarbeitet und genascht werden.

STOLLEN
KLÖBEN

500 g	*Mehl*	*1 Prise*	*Salz*
1 Päckchen	*Hefe*	*1*	*Ei*
250 g	*Butter*	*250 g*	*Rosinen*
125 g	*Zucker*	*250 g*	*Mandeln*
	Milch		

Die Mandeln im Ofen goldgelb rösten. Die Rosinen für circa zehn Minuten in warmes Wasser legen und danach durch ein Sieb abtropfen lassen. Etwas Milch erwärmen, mit der Hefe und 150 g Mehl zu einem Vorteig kneten. Anschließend das restliche Mehl, Butter, Zucker, Ei und Salz hinzufügen. Das Ganze etwa 30 Minuten an einem warmen Ort ruhen lassen. Alles noch einmal gut durchkneten und dabei die abgekühlten Mandeln hinzufügen. Zuletzt die tropfnassen Rosinen mit einkneten. Nun kann der Stollen in seine gewünschte Form gebracht werden. Nach Belieben den Stollen mit Marzipan füllen. Das Ganze bei 200 Grad etwa eine Stunde backen (Nadelprobe machen).

Leben und Dood

Jede Kind een Geschenk, un vun Geschenke snackt man. Dorum wurrn de Geschwisterkinner un de lütten Schoolkinner losschickt, dat rundtoseggen. Vun Huus to Huus, vun Warft to Warft. Dorför gäv dat een bäten wat to snobben. Dornoh gähn dat denn los mit Ätenbringen för de Modder in't Wochenbett. Meestentieds gäv dat so riekli Höhnersupp, dat de ganze Familie wat dorvun harr. Natürli kämen de Fruuns un Kinner ok to Kindskiek un bröchden wat mit un natürli gäv dat Kaffe un Kooken. Un menningmol is wull ok vergleeken wurrn, wie groot, wie swor, wie nüüdli. Natürli blots in Gedanken, liesen un nich so, as een lütte Deern dat dä, luut. Se harr een Brooter kreegen, fief Dage noh dat de Nobersche een Söhn kreegen harr. Neeschierig as se weer, gähn se to Kindskiek, ganz alleen, keek sik dat anner Baby an un sä: „Mien Baby is man veel smöker as dien." Oh hauehaueha!

Fröher hörte de Dood to'n Leben dorto. De Minschen bleeben bi't Hus doot un se wurrn bi't Hus opböhrt.
Rundseggt wurr vun Kumfermanden, bi de Fruuns gähn de Deerns, bi de Mannslüüd de Junges. Se leepen vun Hus to Hus, seggten an, wer storben weer, wann de Beerdigung un wo de Liekenkaffe weer.
Mi dücht, dat is een schöne Aart un Wies to seggen: Leben un Dood hörn tosaamen un de Kinner warrn dor nich vun utslaaten.

Getränke:

EIERGROG
EIERGROG

1	*Eigelb*	*4 cl*	*Rum*
1 EL	*Zucker*	*Nach Bedarf*	*Heißes Wasser*

Eigelb und Zucker schaumig rühren. Rum dazumischen und unter Rühren vorsichtig mit heißem Wasser auffüllen.

RUMGROG
RUMGROG

1 Tasse	*Kochendes Wasser*	*4 cl*	*Warmer Rum*
Nach Geschmack	*Zucker*		

Kochendes Wasser in eine Tasse füllen und nach Geschmack mit Zucker und Rum mischen.

Vörraad för de Winter

Paster Koch weer een strenge Mann, watt de Brammin angähn. In't 19. Johrhunnert versöchte he ok op Hooge dorgegen antogahn. Dat lückte nich ümmer. Dormols wurr de Brammin in Demions, dat sind Glasbuddeln mit Korff butenrum, wo so twischen 5 un 50 Liter ringähn, lävert. Op Hooge sä man ok „Hund“ dorto. Jüst disse Demions weern de Paster een Doorn in' t Oog. Brammin, Düwelswark! Un so bekneete he de Koopmann, doch nix mehr to bestellen. Wat schull de arme Mann dohn? He wull sik dat mit sien Halliglüüd nich verdarben, bröchten se em doch bore Geld! Sik dat mit de Paster verdarben weer ok nich to'n Besten. Wat dohn? Nix lichter as dat: He gäv in Husum Bescheed: „Wenn ik Brammin bestell, schall op de Hund ‚Eti‘ stahn.“ So wurr dat denn ok maakt. Ob de Paster wat markt hett? Doröver warrt nix seggt.

PHARISÄER

PHARISÄER

½ Tasse	*Kaffee*	*2 cl*	*Rum*
1 Stück	*Zucker*	*Ordentlich*	*Schlagsahne*

Eine hohe Tasse wird zur Hälfte mit Kaffee gefüllt. Dann wird Zucker und warmer Rum untergerührt und das Ganze mit einer Sahnehaube abgedeckt.

TEEPUNSCH

TEEPUNSCH

1 kleine Tasse	*Schwacher schwarzer Tee*	*Nach Geschmack*	*Zucker*
		2 cl	*Geele Köm*

Mit Tee gefärbtes heißes Wasser in kleine Punschtassen gießen. Nach Bedarf Zucker und einen ordentlichen Schluck Geele Köm zugeben. Zucker kann, Köm muss! Ohne Zucker wird man nicht so schnell „duun" (betrunken).

Register thematisch

Teig:

Vorratshaltung:

Register alphabetisch

Unser Dank gilt all denen, die aus ihren Erinnerungen erzählten,
Bilder und Rezepte zur Verfügung stellten und Bildinhalte mit aufklärten.
Besonderer Dank geht an
Heike Andresen, Dedi Baudewig, Siegfried Baudewig, Gertrud Binge, Maren Bendixen, Leif Boyens,
Magda Boyens †, Edith Brogmus, Lisbeth Cunze †, Anke Diedrichsen, Hanna Diedrichsen,
Magda Diedrichsen, Ute Diedrichsen, Gusche Petersen †, Hede Iwersen †, Mike Iwersen,
Renée Oetting Jessel, Hanna Paprotta, Gisela Rolfs, Emilie Schmütz, Henriette Schwarz,
Irma Schwarz † und Karen Tiemann

und an
Werner Boyens
für die Aquarelle und Zeichnungen

Biosphäre Halligen sind wir alle und Biosphäre lebt vom Mitmachen. Wir freuen uns, mit dieser Kochbuchidee dazu beizutragen, ein Stück Gemeinschaft und soziales Engagement zu leben sowie Halliggeschichte und typische Rezepte wieder in Erinnerung zu bringen und zu erhalten.

3 Ei [illegible] 3/4 ℔ Mandeln 3 E[illegible]
1/4 ℔ [illegible] Mandeln u [illegible]
1/2 ℔ [illegible] 1
bischen Br[illegible]n
[illegible] 1/2 [illegible]
1/2 ℔ Butter [illegible] 1/2 ℔ Zucker
1/2 ℔ Mehl 5 [illegible] Eier 1/2 ℔ [illegible]
Vanille

Weiße Pfeffernüsse

1 ℔ Mehl 3/4 ℔ Zucker 3/4 ℔ Lu[illegible]
1/4 ℔ geschnittene Mandeln

Braune Pfeffernüsse

1 ℔ Zucker 1/2 ℔ Honig 1/2 ℔ Lu[illegible]
1/2 ℔ Fett 2 ℔ Mehl [illegible] 5 Bu[illegible]
bischen Hirschhornsalz

Spitznüsse

1/2 ℔ Butter 1/2 ℔ Fett 1 ℔ Zucker
2 ℔ Mehl bischen Vanille 1 [illegible]
Hirschhornsalz